Berliner Platz 1

NEU

U0129885

Deutsch im Alltag
Testheft mit Prüfungsvorbereitung
柏林广场A1德语备考测试

［德］ 玛格蕾特·罗迪（Margret Rodi） 编著

王 晔 译

同济大学 出版社
TONGJI UNIVERSITY PRESS

图书在版编目（CIP）数据

柏林广场 A1 德语备考测试 /（德）玛格蕾特·罗迪编
著；王晔译 . — 上海：同济大学出版社，2021.4
ISBN 978-7-5608-9537-6

Ⅰ.①柏… Ⅱ.①玛… ②王… Ⅲ.①德语—习题集
Ⅳ.① H339.6

中国版本图书馆 CIP 数据核字（2020）第 189496 号

柏林广场 A1 德语备考测试

［德］玛格蕾特·罗迪（Margret Rodi）**编著** 王 晔 **译**

责任编辑 孙丽燕 **责任校对** 徐春莲 **封面设计** 潘向荟

出版发行 同济大学出版社 www. tongjipress. com. cn
（地址：上海市四平路 1239 号 邮编：200092 电话：021-65985622）
经 销 全国各地新华书店
排 版 南京文脉图文设计制作有限公司
印 刷 启东市人民印刷有限公司
开 本 889 mm × 1194 mm 1/16
印 张 3.5
字 数 112 000
版 次 2021 年 4 月第 1 版 2021 年 4 月第 1 次印刷
书 号 ISBN 978-7-5608-9537-6

定 价 24. 00 元

本书若有印装质量问题，请向本社发行部调换 版权所有 侵权必究

Berliner Platz 1 NEU

Testheft

Wo wohnst du?

Ich wohne in Berlin.

Inhaltsverzeichnis　目录

Symbole im Testheft 书中标识

 单人口语题

 双人口语题

 小组口语题

⊙1 音频编号。第74—91条是欧标德语A1模拟卷的听力音频。听力音频和模拟卷可在布谷德语课堂（class. tongjideyu.com）下载。

Quellenverzeichnis

S. 6   links, Cliff Parnell – iStockphotos
S. 6   rechts, Richard Foremann – iStockphotos
S. 18 mauritius images / Pixtal
S. 30 Annalisa Scarpa-Diewald
S. 35 Langenscheidt Bildarchiv
S. 44 Annalisa Scarpa-Diewald
S. 47 Annalisa Scarpa-Diewald

为什么要测试？

- 测试可以展现：我已经会什么，以及我在哪方面还需练习。
- 测试可以激励继续学习。
- 测试可以为考试做准备，本书可以为欧标德语A1考试做准备。

本书包含哪些测试？

您可以在这里找到对应《柏林广场1（新版）》教材每章学习进度的测试。这些测试遵循教材的行为导向型教学方法。您可以用这些测试来检验您是否已经掌握教材目录和各章开头的学习目标中描述的学习内容。每一章都包含对词汇和语法的测试，以及听力、阅读、写作和口语的语言技能测试。许多测试题与欧标德语A1的考试形式相对应。您可以这样用本书逐步准备考试。

每套测试题是怎么构成的？

- 每套测试题包含8个不同的任务。
- 每个任务最多可获得5分，每套测试题最多可获得40分。
- 测试题总是从听力开始，以口语结束。
- 从第7章开始，每套测试题会考查所有四项语言技能。

测试题如何评分？

- 测试题的评分参照歌德学院和telc的欧标德语A1考试评分系统：
  获得60%的分数（24分），即通过测试。
- 详细的评分与评级：
  40—37分=优秀（1）
  36—33分=良好（2）
  32—29分=中等（3）
  28—24分=及格（4）
  少于24分=不及格

如何做这些测试题？

- 可以在课堂中测试。可以复印和剪裁卡片来进行口语部分的测试。由教师对写作和口语测试部分评分（评估标准请参阅第54页）。
- 也可以在家测试。那么您需要有人对写作和口语测试部分评分。您还需要一个或多个搭档共同完成部分口语测试题。

Hallo!

⊙2 **①** 请听两遍并选择: 正确还是错误

    0. Der Mann kommt aus der Türkei.   richtig   ~~falsch~~

    1. Die Frau heißt Magdalena Kowalska.   richtig   falsch

    2. Sie kommt aus Russland.   richtig   falsch

    3. Sie spricht Russisch und Polnisch.   richtig   falsch

    4. Sie lernt jetzt Französisch.   richtig   falsch

___/5   5. Sie wohnt in Dresden.   richtig   falsch

⊙3 **②** 请听。哪个答案是正确的: a还是b? 请选择

0. ☒ Aus Italien.   3. a Und ich spreche Englisch und ein bisschen Deutsch.
    b Ich wohne in Essen.   b Mein Name ist Gerhard Kraus.

1. a Carlos.   4. a Ich spreche auch Deutsch.
    b Aus Spanien.   b Und ich komme aus München.

2. a Auch aus der Türkei.   5. a Ich komme aus der Ukraine.
___/5   b Ich wohne in Berlin.   b Ich wohne in Bremen.

③ 填空: Ich, du, Sie, Frau, Name

0. „Hallo, wie heißt __du__?"   3. „Mein _____ ist Karola Braun.

1. „Tom, und _____?"   4. Und wer sind _____?"

___/5   2. „_____ heiße Stefan."   5. „Guten Tag, _____ Braun, ich bin Martha Müller."

4 这些国家的语言叫什么? 请填空

0. Russland – _____Russisch_____
1. England – _____
2. Deutschland – _____

3. Türkei – _____
4. China – _____
5. Frankreich – _____

___/5

5 请写出正确的动词形式

0. Hallo, ich (sein) _____bin_____ Sonia.
1. Ich (kommen) _____ aus Brasilien.
2. Und du, woher (kommen) _____ du?
3. Guten Tag, wie (heißen) _____ Sie bitte?
4. Mein Name (sein) _____ Mehmet Korkmaz.
5. Ich (sprechen) _____ Türkisch und ein bisschen Deutsch.

___/5

6 请填写合适的疑问词

Wer • Wie • Woher • Wie • Wer • Wo

0. _Wie_ heißt du?
1. _____ kommen Sie?
2. _____ ist Ihr Name?
3. _____ kommt aus Spanien?
4. _____ liegt das?
5. _____ spricht Deutsch?

___/5

7 请写出特殊疑问句或陈述句

0. du / wohnst / wo / ?   _Wo wohnst du?_____
1. heiße / ich / Wiktor / .   _____
2. woher / er / kommt / ?   _____
3. in Athen / ich / wohne / .   _____
4. Chinesisch und Koreanisch / Yong-Min / spricht / .   _____
5. Sie / wie / heißen / ?   _____

___/5

8 请填写正确的动词

spricht • wohnt • lernt • kommt • ist • liegt

Das _____ist_____ Michael Kukan. Er (1) _____ aus Bratislava. Das (2) _____ in der Slowakei. Er (3) _____ Slowakisch und Russisch. Jetzt (4) _____ er Deutsch. Michael (5) _____ in Dresden.

___/5

Prozent	10		20		30		40		50		60		70		80		90		100

___/40 Punkte 1 2 3 4 5 6 7 8 9 10 11 12 13 14 15 16 17 18 19 20 21 22 23 24 25 26 27 28 29 30 31 32 33 34 35 36 37 38 39 40

1 请听两遍。什么是正确的? 请选择: a, b还是c?

⊙4　0. Wie geht es Carmen?
   ☐a Schlecht.
   ☒ Sehr gut.
   ☐c Es geht.

⊙5　1. Wie geht es Frau Kowalska?
   ☐a Nicht so gut.
   ☐b Sehr gut.
   ☐c Gut.

⊙6　2. Was trinkt Yong-Min?
   ☐a Kaffee.
   ☐b Milch.
___/5 ☐c Tee.

⊙7　3. Die Frau trinkt Kaffee ...
   ☐a mit Milch und Zucker.
   ☐b mit Zucker.
   ☐c mit Milch.

⊙8　4. Was kostet ein Kaffee?
   ☐a 1,50 €.
   ☐b 1,60 €.
   ☐c 3,10 €.

⊙9　5. Wie ist die Telefonnummer?
   ☐a 56 47 81.
   ☐b 56 74 81.
   ☐c 65 47 81.

⊙10 **2** 请听两遍并选择: 这个数字是正确的还是错误的?

0.	74	~~richtig~~	falsch
1.	41	richtig	falsch
2.	12	richtig	falsch
3.	26	richtig	falsch
4.	150	richtig	falsch
5.	18	richtig	falsch

___/5

3 什么组合适合？请配对

0. Woher kommt ihr? ____   <u>a</u> Nein, danke. Ich trinke Kaffee schwarz.

1. Möchtest du Wasser? ____   <u>b</u> Super, und dir?

2. Nehmen Sie Milch und Zucker? ____   <u>c</u> Es geht. Und Ihnen?

3. Guten Morgen! Wie geht es Ihnen? ____   <u>d</u> Nein, Polnisch.

4. Tag, Kasimir, wie geht's?   *0*   <u>e</u> Aus Spanien.

___/5   5. Sprichst du Russisch? ____   <u>f</u> Lieber Orangensaft, bitte.

0. *e*   1. ____   2. ____   3. ____   4. ____   5. ____

4 请写出疑问句

0. Englisch / sie / lernt / ?   *Lernt sie Englisch?* _____

1. in Berlin / du / wohnst / ? _____

2. du / kommst / aus der Ukraine / ? _____

3. heißt / Anna / du / ? _____

4. Tee / trinkt / ihr / ? _____

___/5   5. Sie / Milch und Zucker / nehmen / ? _____

5 请填写正确的动词形式

Paolo: „Hallo! Ich (heißen) ____*heiße*____ Paolo!"

Paolo: „Und das (sein) _____ (1) Mirella und Sabrina. Wir (kommen) _____ (2)

aus Italien. Und woher (kommen) _____ (3) ihr?"

Nuriye: „Wir (sein) _____ (4) Hassan und Nuriye aus der Türkei."

___/5   Paolo: „Und was (machen) _____ (5) du hier, Nuriye?"

6 请填写人称代词

0. Das ist Magdalena. _Sie_ kommt aus Polen.

1. Woher kommst _____ ?

2. Seid _____ im Deutschkurs A?

3. Nein, _____ sind im Deutschkurs B.

4. Und _____ bin im Kurs C.

___/5   5. Da kommt Carlos. _____ ist auch im Kurs C.

7 哪个单词是正确的？a还是b？请选择

0. Ich trinke Kaffee _____ .

　☒ schwarz　　　　b müde

1. „Hallo, ist hier _____ ?" – „Ja, klar."

　a gut　　　　　　b frei

2. „Tag, wie geht's?" – „_____ , gut! Und Ihnen?"

　a Danke　　　　　b Viel

3. Maria und Beata sprechen _____ Deutsch zu Hause.

　a viel　　　　　　b frei

4. „Ich trinke _____ Tee."

　a lieber　　　　　b sehr

5. „Trinkst du Kaffee?" – „Ja, _____ ."

___/5　a toll　　　　　　b gerne

 8 口语

Name Ich heiße Michael Kukan.

Name
Land
Stadt
Sprachen
___/5 **Wohnort**

Ich heiße Michael Kukan.

Prozent	10	20	30	40	50	60	70	80	90	100

___/40 Punkte 1 2 3 4 5 6 7 8 9 10 11 12 13 14 15 16 17 18 19 20 21 22 23 24 25 26 27 28 29 30 31 32 33 34 35 36 37 38 39 40

3 Was kostet das?

① 请听两遍并选择: 正确还是错误?

⊙11   0. Die Schere ist billig.   ~~richtig~~   falsch

⊙12   1. Der Fernseher ist kaputt.   richtig   falsch

⊙13   2. Das Radio ist preiswert.   richtig   falsch

⊙14   3. Die Frau kauft das Fahrrad.   richtig   falsch

⊙15   4. Die Lampe funktioniert gut.   richtig   falsch

⊙16   5. Die Frau nimmt den Kühl-   richtig   falsch
___/5   schrank.

② 请听两遍。什么是正确的? 请选择: a还是b?

⊙17   0. Der Kinderwagen kostet ...
       a 45 €.   ☒ 54 €.

⊙18   1. Das Haus kostet ...
       a 560 000 €.   b 65 000 €.

⊙19   2. Das Handy kostet ...
___/5   a 84 €.   b 48 €.

⊙20   3. Die Kaffeemaschine kostet ...
       a 13 €.   b 31 €.

⊙21   4. Das Auto kostet ...
       a 1 000 €.   b 10 000 €.

⊙22   5. Die Lampe kostet ...
       a 114 €.   b 144 €.

③ 这是什么? 请写出名词及其冠词。

0. ____das Bügeleisen____

1. _____

2. _____

3. _____

4. _____

5. _____

___/5

4 什么词不适合? 请选择

0. ☒ die Kaffeekanne
   ☐ der Wasserkocher
   ☐ das Bügeleisen
   ☐ die Kaffeemaschine

1. ☐ die Lampe
   ☐ der Tisch
   ☐ der Stuhl
   ☐ das Haus

2. ☐ das Handy
   ☐ die Schere
   ☐ der Drucker
   ☐ der Computer

3. ☐ das Wörterbuch
   ☐ das Heft
   ☐ der Kinderwagen
   ☐ der Kuli

4. ☐ das Fahrrad
   ☐ die Waschmaschine
   ☐ der Herd
   ☐ der Kühlschrank

5. ☐ der Orangensaft
   ☐ der Tee
   ☐ der Bleistift
   ☐ das Wasser

___/5

5 请填空: er, sie 或 es

0. Der Kühlschrank ist sehr modern! Funktioniert __er__ ?

1. Ich möchte die Waschmaschine. Was kostet _____ ?

2. Der Wasserkocher ist sehr billig. _____ kostet nur 5 €.

3. Funktioniert das Radio oder ist _____ kaputt?

4. Das ist ein Kugelschreiber. _____ ist sehr praktisch.

___/5   5. Das Buch kostet nur 2 €. _____ ist alt.

6 哪个答案是正确的? 请选择

0. Wie viel kostet der Staubsauger?
   ⓐ Er ist kaputt.
   ☒ Für Sie nur 35 €.
   ⓒ Das ist sehr billig.

1. Wo ist mein Handy?
   ⓐ Das ist kein Handy.
   ⓑ Hier.
   ⓒ Es kostet 57 €.

2. Was kostet der Toaster?
   ⓐ Nur 15 €.
   ⓑ Das ist aber billig.
   ⓒ Er funktioniert super.

3. Funktioniert der Drucker?
   ⓐ Er ist gebraucht.
   ⓑ Er ist billig – nur 20 €.
   ⓒ Nein, er ist kaputt.

4. Ist das eine Kamera?
   ⓐ Sie ist ganz neu.
   ⓑ Nein, das ist ein Handy.
   ⓒ Sie funktioniert nicht.

5. Ist die Waschmaschine kaputt?
   ⓐ Nein, sie funktioniert.
   ⓑ Sie ist sehr preiswert.
   ⓒ Sie kostet nur 60 €.

___/5

7 请选择正确的单词填入空格中

keine • mein • ein • ~~eine~~ • kein • meine

0. Ich suche ___*eine*___ Waschmaschine.

1. Das ist _____ Computer, das ist ein Drucker!

2. Wo ist _____ Handy?

3. _____ Kamera ist ganz neu.

4. Ich brauche _____ Fahrrad.

___/5   5. Ich habe _____ Kaffeemaschine. Ich trinke lieber Tee.

 8 口语：在跳蚤市场

Nehmen Sie eine Karte. Sie sind einmal Käufer/in und einmal Verkäufer/in.

Drucker,
fast neu, 35 €

Wie viel kostet der Drucker?

35 €.

Käufer/in	**Verkäufer/in**
Preis?	Preis
billig/teuer	alt/neu/gebraucht/...
funktioniert?	ja/nein

___/5

Kaffeemaschine, gebraucht, 25 €   Staubsauger, kaputt, 10 €   Waschmaschine, fast neu, 150 €   Stuhl, gebraucht, 25 €

Prozent	10	20	30	40	50	60	70	80	90	100

___/40 Punkte 1 2 3 4 5 6 7 8 9 10 11 12 13 14 15 16 17 18 19 20 21 22 23 24 25 26 27 28 29 30 31 32 33 34 35 36 37 38 39 40

4 Wie spät ist es?

1 请听两遍并选择：正确还是错误？

⊙23   0. Marie geht heute Abend ins Konzert.   [richtig] [~~falsch~~]

⊙24   1. Der Kurs dauert bis neun Uhr.   [richtig] [falsch]

⊙25   2. Es ist fünf nach fünf.   [richtig] [falsch]

⊙26   3. Das Konzert beginnt um 8 Uhr.   [richtig] [falsch]

⊙27   4. Mehmet und Pawel lernen morgen Nachmittag zusammen.   [richtig] [falsch]

⊙28   5. Sabine und Martin gehen am Sonntagnachmittag schwimmen.   [richtig] [falsch]

___/5

2 请听两遍。什么是正确的？请选择：a, b还是c？

⊙29   0. Wann gehen Anne und Michael zum Stadtfest?
     [a] Um drei Uhr.
     [☒] Um vier Uhr.
     [c] Um fünf Uhr.

⊙30   1. Natascha und Cem gehen am Samstag ...
     [a] ins Kino.
     [b] ins Konzert.
     [c] ins Schwimmbad.

⊙31   2. Karin und Stefanie lernen ...
     [a] am Dienstag zusammen.
     [b] am Montag zusammen.
     [c] am Sonntag zusammen.

⊙32   3. Herr Bachmann hat einen Termin ...
     [a] am Montagvormittag.
     [b] am Dienstagvormittag.
     [c] am Dienstagnachmittag.

⊙33   4. Monika und Gisela gehen mit den Kindern ...
     [a] zum Fußballspiel.
     [b] ins Kindertheater.
     [c] auf den Flohmarkt.

⊙34   5. Der Mann macht den Deutschkurs ...
     [a] am Abend.
     [b] am Nachmittag.
     [c] am Vormittag.

___/5

3 可分还是不可分？请写出句子。

0. aufstehen / um sieben Uhr / ich / jeden Morgen / .

Ich stehe jeden Morgen um sieben Uhr auf.

1. ich / immer / dusche / morgens / .   _____

2. mein Deutschkurs / um 9 Uhr / anfangen / .   _____

3. machen / ich / nach dem Kurs / Mittagspause / .   _____

4. am Nachmittag / ich / einkaufen / .   _____

___/5   5. fernsehen / am Abend / ich / .   _____

4 请在表盘上标出时间

0. 10 vor drei

3. 5 nach halb sechs

1. 20 nach 7

4. 10 vor zwölf

___/5   2. Viertel nach 10

5. halb 2

5 请填写正确的单词

Supermarkt • Zeitung • Kino • ~~Morgen~~ • Brötchen • Büro

0. Tatjana steht jeden ___*Morgen*___ um 8 Uhr auf.

1. Dann isst sie ein _____ und trinkt eine Tasse Kaffee.

2. Und sie liest die _____ .

3. Dann geht sie ins _____ .

4. Nach der Arbeit kauft sie im _____ ein.

___/5   5. Am Samstag geht sie ins _____ .

6 哪个是正确的? 请选择: a还是b?

0. ☒ Um Viertel vor sieben stehe ich auf.
   ☐ Um Viertel vor sieben ich stehe auf.

3. ☐ Um halb acht ich stehe auf.
   ☐ Um halb acht stehe ich auf.

1. ☐ Ich am Freitag keine Zeit habe.
   ☐ Ich habe am Freitag keine Zeit.

4. ☐ Am Wochenende Sport ich mache.
   ☐ Am Wochenende mache ich Sport.

2. ☐ Ich gehe morgen ins Kino.
   ☐ Ich morgen gehe ins Kino.

___/5

5. ☐ Der Deutschkurs beginnt um halb neun.
   ☐ Der Deutschkurs um halb neun beginnt.

7 请阅读A–E以及活动安排。哪个数字适合？请配对

Beispiel

Sie möchten Berlin kennenlernen, fahren aber nicht gern mit dem Bus. *Nummer 10*

A Sie suchen eine Lampe. _____

B Sie möchten schwimmen lernen. _____

C Sie möchten mit Ihrer Tochter (9 Jahre) ins Theater gehen. _____

D Sie möchten am Sonntagvormittag ins Kino gehen. _____

___/5 E Sie haben nicht viel Geld. Sie möchten Musik hören und etwas essen. _____

Berlin aktuell – Ihr Programm für die Woche vom 7.–13. 6.

Sport	Kino / Theater	Musik	Sonstiges
① **Fußball-Bundesliga Hertha BSC** gegen **Werder Bremen** Olympiastadion **Sa, 15:00 Uhr**	**④** **Cinemaxx** *am Potsdamer Platz* **Berlin, wie es war 11 Uhr**	**⑦** **Konzertsaal der Universität der Künste** **So 11 Uhr** Kinderkonzert: Peter und der Wolf	**⑩** Stadtrundfahrt per Schiff: Sehen Sie Berlin vom Wasser aus! Abfahrt ab Hansabrücke: 9:15, 10:15, 11:15, …
② **Stadtbad Schöneberg** Schwimmkurse für Anfänger und Fortgeschrittene **Mo–Fr 16–19 Uhr**	**⑤** **Odeon** *Filme im englischen Original* **Bright Star** **Do–Mi um 20:30**	**⑧** **Jazz im J-Trane** *Jocelyn B. Smith – die Stimme von Berlin!* **Freitag 21 Uhr**	**⑪** Flohmarkt am Rathaus Schöneberg: Hier finden Sie alles! Faire Preise!
③ **gesund & fit Ihr Fitnessstudio!** Neu in Mitte, direkt an der Friedrichstraße! **Eröffnungs-angebote!** Probekurs am **Samstag ab 10 Uhr**	**⑥** **Katze Musiktheater Momo** Für alle ab 8 Jahren	**⑨** **Waldbühne Silbermond** Deutschrock – Musik für heute! Tickets ab 30 €	**⑫** **Straßenfest in der Bergmannstraße** **Sa + So 15–24 Uhr** schön – interessant – kostet nichts! • Live-Musik • Internationale Spezialitäten, z.B. Pizza, Döner, Sushi, …

8 口语。与朋友约时间。请抽取一张卡片。一次由您开始进行对话，另一次由您的搭档开始

Beispiel

___/5

Prozent	10	20	30	40	50	60	70	80	90	100

___/40 Punkte 1 2 3 4 5 6 7 8 9 10 11 12 13 14 15 16 17 18 19 20 21 22 23 24 25 26 27 28 29 30 31 32 33 34 35 36 37 38 39 40

siebzehn **17**

1 请听。什么是正确的? 请选择

⊙35 0. Was kauft der Mann noch ein?
- ☒ Butter.
- b Mehl.
- c Eier.

⊙36 1. Frau Kaiser kauft ...
- a 100 g Käse und 200 g Schinken.
- b 200 g Käse und 100 g Schinken.
- c 200 g Käse und 200 g Schinken.

⊙37 2. Für den Obstsalat brauchen sie noch ...
- a zwei Äpfel und eine Orange.
- b Äpfel, Bananen, Kiwis und eine Orange.
- c einen Apfel und zwei Orangen.

___/5

⊙38 3. Gudrun isst ...
- a Obst mit Joghurt.
- b Brot mit Butter und Käse.
- c Brot mit Butter und Marmelade.

⊙39 4. Torsten kauft das Mineralwasser ...
- a im Supermarkt.
- b am Kiosk.
- c im Getränkemarkt.

⊙40 5. Sara möchte ...
- a Gemüsesuppe.
- b Nudeln.
- c Pizza.

⊙41 **2** 请听两遍。哪个答案是正确的? 请选择

0. a Danke, das ist alles.
   ☒ 300 Gramm Käse, bitte.

1. a Bitte noch 200 Gramm Schinken.
   b Nein, bitte nur 300 Gramm.

2. a In Scheiben, bitte.
   b Ja, das war's.

___/5

3. a Nehmen Sie Kreditkarte?
   b Geben Sie mir noch 100 Gramm Salami.

4. a Ja, das war's.
   b Nein, heute nicht.

5. a Hier sind 10 €.
   b Was ist heute im Angebot?

3 什么适合哪个类别？请将单词填写到表格里

Apfelsaft • Schnitzel • Banane • Milch • Bier – ~~Birne~~ • Schinken • Orange • Mineralwasser • Salami • Apfel

Obst	Getränke	Fleisch & Wurst
Birne		

___/5

4 请填写名词的复数形式

0. Ich esse gern (Kartoffel) _*Kartoffeln*_ .

1. Im Deutschkurs sind elf (Frau) _____ und neun Männer.

2. Für den Obstsalat brauche ich noch vier (Apfel) _____ .

3. Die Sprachschule hat zehn (Computer) _____ .

4. Er hat nur zwei (Glas) _____ .

___/5 5. Für das Wochenende kaufe ich immer zwei (Brot) _____ .

5 包装。什么组合适合？请搭配

0. ein Liter	___	a	Butter
1. eine Dose	___	b	Marmelade
2. ein Kasten	___	c	Mineralwasser
3. eine Packung	___	d	Tomaten
4. 100 Gramm	*0*	e	Milch
5. ein Glas	___	f	Käse

___/5 0. _e_ 1. ___ 2. ___ 3. ___ 4. ___ 5. ___

6 请填写正确的冠词

keine • eine • ~~den~~ • die • einen • das

*Den* Obstsalat mache ich für das Kursfest. _____ (1) Obst kaufe ich auf dem Markt.

Ich brauche noch _____ (2) Apfel und _____ (3) Banane. Ich kaufe _____ (4) Mangos,

___/5 die sind zu teuer. _____ (5) Soße mache ich mit Sahne und Zitronensaft.

7 请填写mögen正确的动词形式

0. Meine Tochter und ich,

   wir _*mögen*_ Schokolade.

1. _____ du Milch?

___/5 2. Nein, und ich _____ auch keine Butter.

3. Ich komme aus Korea.

   Fast alle Koreaner _____ keine Milch.

4. Was _____ ihr denn?

5. Meine Familie _____ Tee.

8 口语。每个主题抽取一张卡片。
请提问。您也会被问。请回答。

Wo kaufst du Brötchen?

In der Bäckerei.

Beispiel

Thema: Einkaufen
Brötchen

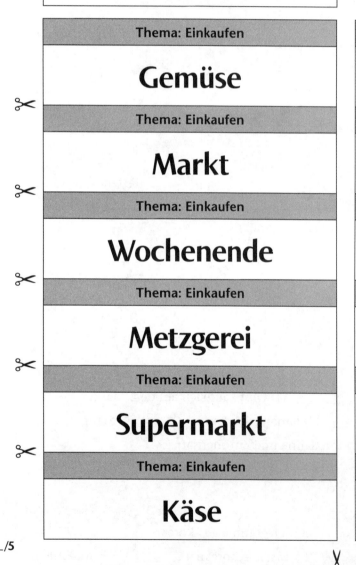

Thema: Einkaufen
Gemüse

Thema: Einkaufen
Markt

Thema: Einkaufen
Wochenende

Thema: Einkaufen
Metzgerei

Thema: Einkaufen
Supermarkt

Thema: Einkaufen
Käse

Thema: Essen
Mittagessen

Thema: Essen
Sonntag

Thema: Essen
Wurst

Thema: Essen
Obst

Thema: Essen
Frühstück

Thema: Essen
Nachtisch

___/5

Prozent	10	20	30	40	50	60	70	80	90	100

___/40 Punkte 1 2 3 4 5 6 7 8 9 10 11 12 13 14 15 16 17 18 19 20 21 22 23 24 25 26 27 28 29 30 31 32 33 34 35 36 37 38 39 40

6 Familienleben

1 请听两遍并选择: 正确还是错误?

⊙ 42	0. Herr Maier wohnt mit seinen Kindern zusammen.	richtig	~~falsch~~
⊙ 43	1. Serena hat viele Geschwister.	richtig	falsch
⊙ 44	2. Frau Schweiger wohnt mit ihrem Mann zusammen.	richtig	falsch
⊙ 45	3. Frau Kischbaum lebt mit anderen Personen zusammen.	richtig	falsch
⊙ 46	4. Jan wohnt mit seiner Mutter zusammen.	richtig	falsch
⊙ 47	5. Jupp ist verheiratet und hat zwei Kinder.	richtig	falsch

___/5

2 词汇: 家庭。请填写表格

	Mann	Frau
0.	*Vater*	Mutter
1.		Schwester
2.	Onkel	
3.	Cousin	
4.		Tochter
5.	Neffe	

___/5

3 生日在什么时候? 请填写

0. am 1.1. ___*am ersten Ersten*___   3. am 14.4. _____

1. am 3.5. _____   4. am 23.8. _____

2. am 31.3. _____   5. am 24.12. _____

___/5

4 请填写合适的动词

findet • besucht • macht • ~~spielt~~ • geht • mag

0. Meine Tochter ist 12. Sie ___*spielt*___ gern Fußball.

1. Sie _____ viel Sport.

2. Pizza und Nudeln _____ sie sehr gern.

3. Familienfeste _____ sie langweilig.

4. Sie _____ sehr gern ins Kino.

5. Und sie _____ oft ihre Freundinnen.

___/5

5 请阅读并选择：正确还是错误？

0. Johanna Schweizer
Familie? Das ist für mich ganz wichtig. Ich möchte mal Kinder haben, zwei oder drei vielleicht. Aber einen Beruf möchte ich auch haben.

Johanna möchte später allein leben.

richtig   ~~falsch~~

1. Dieter Herberger
Ich bin schon 50 Jahre verheiratet. Wir haben vier Kinder. Zwei Töchter sind verheiratet, eine Tochter ist geschieden, und unser Sohn ist alleinstehend. Heute ist das Familienleben oft schwer.

Dieter Herberger findet:
Leben mit der Familie ist heute oft ein Problem.

richtig   falsch

2. Renate Kempf
Ich erziehe meine Töchter allein. Sie sind 14 und 16. Sie machen schon viel: einkaufen, kochen. Das ist super.

Frau Kempf lebt mit ihren Töchtern allein.

richtig   falsch

3. Anneliese Schmidt
52 Jahre bin ich jetzt alt – und schon Großmutter! Oft hole ich meine zwei Enkel, Tobias und Sarah, vom Kindergarten ab. Ihre Eltern arbeiten jeden Tag bis 16 Uhr.

Die Enkel von Frau Schmidt gehen schon in die Schule.

richtig   falsch

4. Herbert Köhler
Ich lebe jetzt mit meiner Frau allein. Unsere Kinder wohnen nicht mehr hier in Bamberg. Aber ich besuche sie oft: drei oder vier Mal im Jahr.

Herr Köhler sieht seine Kinder nicht jeden Monat.

richtig   falsch

5. Hannah Schubert
Ich lebe schon drei Jahre mit Peter zusammen. Wir sind nicht verheiratet, und Kinder haben wir auch noch keine. Meine Schwester Sandra hat drei Kinder, aber sie ist auch schon 40.

Hannah Schubert wohnt mit Sandra zusammen.

richtig   falsch

___/5

6 请填写合适的物主代词

0. Sibylle ist 40 und ____*ihr*____ Sohn ist 15.

1. Melanie tanzt gern. _____ Freundinnen und sie gehen oft in die Disco.

2. Sascha arbeitet in Hamburg. _____ Eltern wohnen in Stuttgart.

3. Wir kaufen ein und _____ Freunde machen den Salat.

4. Ich lebe in Frankfurt und _____ Vater lebt in Freiburg.

___/5   5. Was isst du gern? Und was isst _____ Schwester gern?

7 请填写haben/sein正确的过去式形式

0. Meine Schwester (haben) ____*hatte*____ Geburtstag.

1. Ihr Fest (sein) _____ super.

___/5   2. Alle (haben) _____ viel Spaß.

3. Meine Eltern (sein) _____ auch dort.

4. Leider (haben) _____ ich keine Zeit.

5. Ich (sein) _____ in Hannover.

8 口语。每个主题抽取一张卡片。
请提问。您也会被问。请回答。

Hast du viele Cousinen?

Nein, nur eine.

Beispiel

Thema: Familie
Cousine

Thema: Familie
Hochzeit

Thema: Familie
Geschwister

Thema: Familie
Familienfest

Thema: Familie
Eltern

Thema: Familie
Oma

Thema: Familie
Kinder

Thema: Feste
Geburtstag

Thema: Feste
Party

Thema: Feste
Essen

Thema: Feste
Musik

Thema: Feste
Spiele

Thema: Feste
Geschenk

___/5

Prozent	10	20	30	40	50	60	70	80	90	100

___/40 Punkte 1 2 3 4 5 6 7 8 9 10 11 12 13 14 15 16 17 18 19 20 21 22 23 24 25 26 27 28 29 30 31 32 33 34 35 36 37 38 39 40

7 Willkommen in Berlin

1 请听一遍。什么是正确的? 请选择

⊙48 0. Wo ist ein Geldautomat?
     a Am Friedrich-Wilhelm-Platz.
     b Am Walther-Schreiber-Platz.
     X In der Schlossstraße.

⊙49 1. Wo sind Katja und Herr Kuhn?
     a Am Bahnhof.
     b Im Museum.
     c In der Schule.

⊙50 2. Wohin gehen Anastasia und Baris am Samstag?
     a In den Sprachkurs.
     b Ins Kino.
     c Zu einem Fest.

___/5

⊙51 3. Wie kommt die Frau zum Bahnhof?
     a Mit dem Bus.
     b Mit dem Taxi.
     c Mit der U-Bahn.

⊙52 4. Wie muss der Mann zum Schwimmbad fahren?
     a Zuerst geradeaus.
     b An der Ampel rechts.
     c Zuerst rechts und dann links.

⊙53 5. Wohin muss Herr König um 10 Uhr gehen?
     a In sein Büro.
     b Zur Chefin.
     c Ins Personalbüro.

2 您要去哪里? 请配对

0. Sie möchten Deutsch lernen. ___
1. Sie möchten Gemüse einkaufen. ___
2. Sie sind neu in der Firma. _0_
3. Sie möchten nach Berlin fahren. ___
4. Sie möchten ein Konto eröffnen. ___
5. Sie möchten spazieren gehen. ___

a Park
b Bahnhof
c Volkshochschule
d Personalbüro
e Markt
f Sparkasse

___/5 0. _C_ 1. ___ 2. ___ 3. ___ 4. ___ 5. ___

3 请填写介词

mit • in • am • nach • zur • ~~im~~

0. Wo spielt Hertha BSC am Samstag? _Im_ Olympiastadion.

1. Entschuldigung, wie komme ich _____ nächsten U-Bahn-Station?

2. Oh, Moment mal. Die ist _____ Bayrischen Platz, oder?

3. Da müssen Sie drei Stationen _____ dem Bus fahren.

4. Und welche Linie fährt dann vom Bayrischen Platz _____ Kreuzberg?

___/5 5. Tut mir leid, das weiß ich auch nicht. Da fragen Sie am besten _____ der U-Bahn.

4 请填写正确的第三格词尾

0. Ich fahre mit (meine) _meiner_ Freundin nach Berlin.

1. Am Samstag ist immer Markt auf (der) _____ Winterfeldtplatz. Der Markt ist ganz toll!

2. Ihr könnt mit (die) _____ U-Bahn bis zum Nollendorfplatz fahren.

3. Ich warte dann um 12 Uhr in (das) _____ Café M in der Goltzstraße.

4. Da frühstücke ich oft mit (mein) _____ Freunden.

___/5 5. Am Sonntagabend bringe ich euch dann zu (der) _____ Bahnhof.

5 请写出命令式

0. (du – aufstehen) jetzt. _Steh jetzt auf!_ _____

1. (Sie – fragen) den Busfahrer. _____

2. (du – gehen) rechts bis zur Post. _____

3. (du – machen) einen Sprachkurs. _____

4. (du – nehmen) ein Taxi. _____

___/5 5. (Sie – aussteigen) am Hauptbahnhof. _____

6 阅读。哪个广告适合: a还是b? 请选择

Beispiel

Sie möchten am Samstag mit der Tochter (5 Jahre alt) von Ihrer Freundin ins Theater gehen.

www.berliner-jugendtheater.de	www.puppentheater-berlin.de
Berliner Jugendtheater	**Puppentheater Berlin**
Wir spielen ab sofort unser neues Stück:	
Lilly unter den Linden	**Die zwölf Monate**
Für Menschen ab 13.	Russisches Märchen, ab 5 Jahren
Mo-Fr 10 Uhr, Sa + So 17 Uhr	*Freitag, Samstag, Sonntag um 16 Uhr*
Karten und Informationen unter	
www.berliner-jugendtheater.de	

[a] www.berliner-jugendtheater.de
[X] www.puppentheater-berlin.de

1. Sie möchten Berlin kennenlernen. Sie haben nicht viel Geld.

www.pvg.de	www.fahrradtaxi.de
Ein Ticket kaufen	**Berlin individuell erleben!**
und die ganze Stadt sehen!	Bei einer Tour mit unserer Fahrradriksha.
Fahren Sie mit unserem Bus Nr. 100 und erleben Sie ganz Berlin!	Zum Beispiel: Berlins neue Mitte.
PVG – immer preiswert, immer nah!	Dauer: 1 Stunde. Preis: 60 €

[a] www.pvg.de
[b] www.fahrradtaxi.de

2. Sie möchten eine typische Berliner Spezialität essen.

www.currywurst-imbiss.de

Berlins
beste Currywurst!

Tradition seit 80 Jahren!

www.12-angeli.de

Zweimal in Berlin:

Italienisch genießen –
vom Frühstück bis zum Abendessen!

a www.currywurst-imbiss.de
b www.12-angeli.de

3. Sie möchten ein Museum für moderne Kunst besuchen.

www.snb.museum/ang

Bilder

aus der Zeit von 1800–1900

Gemälde alter Meister

www.hamburgerbahnhof.de

Hamburger Bahnhof
Museum für Gegenwart – Berlin

aktuelle Kunst aus dem 21. Jahrhundert:
Videos Installationen Skulpturen Bilder

a www.snb.museum/ang
b www.hamburgerbahnhof.de

4. Sie suchen eine billige Lampe.

Stilwerk

Aktionswoche:
Exklusive Lampen
von internationalen Designern!

Schon ab 70 €!

Flohmarkt
am Rathaus Schöneberg
Sa + So von 9–16 Uhr

Bei uns finden Sie alles gut + günstig!
Möbel, Lampen, elektrische Geräte,
Kleider …

a Stilwerk
b Flohmarkt am Rathaus Schöneberg

5. Sie suchen einen Geldautomaten.

www.geldinstitut.de

Gemeinsam in die Zukunft!

Service:
➤ die Bank in Ihrer Nähe
➤ Geldautomaten
➤ günstige Kredite

www.international-money-transfer.de

Günstig und sicher Geld
in fremde Länder überweisen!

Großer Service, kleine Gebühren!

a www.geldinstitut.de
___/5   b www.international-money-transfer.com

7 写作

Ihr Freund, Ossip Brandukow, möchte vom 19. – 25. Mai eine Woche allein nach Berlin fahren. Er möchte mit dem Zug fahren und in eine Jugendherberge gehen.
Seine E-Mail-Adresse ist obrandukow@web.de.
Schreiben Sie die fünf fehlenden Informationen in das Formular.

Deutschlandreisen – gut und günstig!

Anmeldung

Name, Vorname:	Brandukow, Ossip	(0)	Wie viele Personen?	_____	(3)
Straße/Hausnummer:	Gabelsberger Straße 2		Anfahrt mit	☐ dem Bus	(4)
Wohnort:	60389 Frankfurt/Main			☐ dem Zug	
Telefon:	0 69/44 35 56 57		Übernachtung	☐ im Hotel	(5)
E-Mail-Adresse:	_____	(1)		☐ in der Jugendherberge	
Termin:	_____	(2)			
Reiseziel:	Berlin		Unterschrift	*O. Brandukow*	

___/5

8 口语。抽取两张卡片。
请提出请求。您也会得到两个请求。请回复。

Beispiel

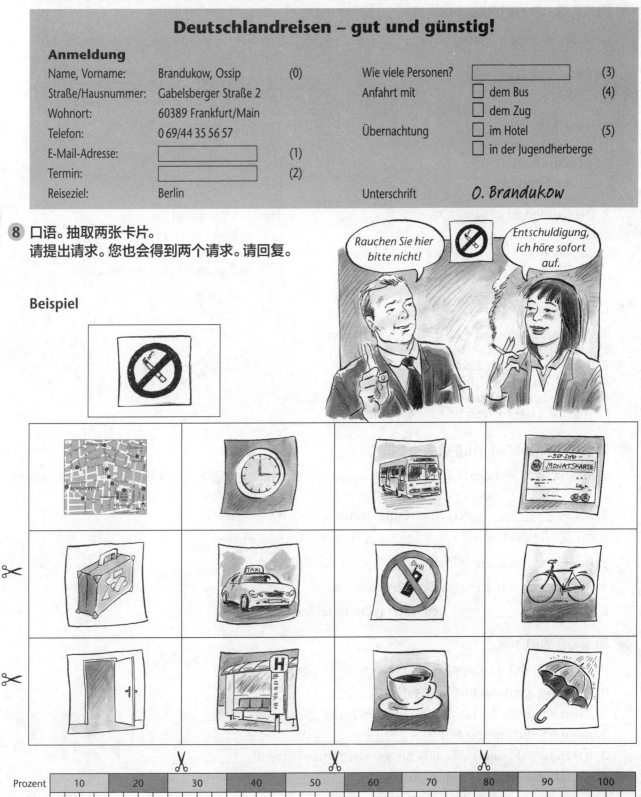

___/5

Prozent	10	20	30	40	50	60	70	80	90	100

___/40 Punkte 1 2 3 4 5 6 7 8 9 10 11 12 13 14 15 16 17 18 19 20 21 22 23 24 25 26 27 28 29 30 31 32 33 34 35 36 37 38 39 40

siebenundzwanzig **27**

8 Zimmer, Küche, Bad

⊙ 54 **1 请听两遍。哪个是正确的? 请选择**

0. In der Wohnung gibt es keine ...
   - ☒ Badewanne.
   - b Waschmaschine.
   - c Küche.

1. 500 € kostet die Miete ...
   - a mit Nebenkosten.
   - b ohne Nebenkosten.
   - c mit Parkplatz.

2. Die Kaution ist ...
   - a 540 €.
   - b 450 €.
   - c 500 €.

___/5

3. Der Vermieter möchte die Wohnung noch ...
   - a reinigen.
   - b renovieren.
   - c vermieten.

4. Die Wohnung ist frei ab dem ...
   - a 1.9.
   - b 15.9.
   - c 1.10.

5. Frau Schönemann ...
   - a möchte sofort umziehen.
   - b möchte bis September warten.
   - c möchte die Wohnung ansehen.

2 什么词不适合? 请划掉

0. Wohnzimmer • Bad • ~~Zentrum~~ • Schlafzimmer
1. Spielplatz • Garten • Keller • Hof
2. Garage • Park • Parkplatz • Parkhaus
3. Haus • Kaution • Nebenkosten • Miete
4. Hausmeisterin • Vermieterin • Freundin • Nachbarin
5. Toilette • Herd • Dusche • Badewanne

___/5

3 请填写können或wollen正确的动词形式

0. Magda sucht ein neues Zimmer. Sie hat wenig Geld und ___*kann*___ nicht viel bezahlen, nur 180 € im Monat.

1. Marek _____ bei seiner Tante wohnen. Sie hat viel Platz.

2. Tanja und Kai Krause _____ ein Haus mit Garten suchen.

3. Der Garten ist wichtig: Dann _____ die Kinder dort spielen.

4. _____ du gerne im Zentrum wohnen?

5. Ja, aber das _____ ich leider nicht bezahlen.

___/5

4 请填写正确的动词

packen • bezahlen • ~~parken~~ • benutzen • feiern • verdienen

0. Wo kann ich denn hier ___*parken*___?

1. Kann ich denn die Waschmaschine im Keller _____?

2. Kann ich die Miete später _____?

3. Ich ziehe bald um. Heute möchte ich noch viele Kartons _____.

4. Ich möchte endlich mehr Geld _____.

5. Karin will an ihrem 30. Geburtstag ein großes Fest _____.

___/5

28 achtundzwanzig

5 请填写第二分词

0. Nadja hat lange eine Wohnung (suchen) _____*gesucht*_____ .

1. Sie hat eine Anzeige im Supermarkt (aufhängen) _____ .

2. Endlich hat sie eine Wohnung (finden) _____ .

3. Eine nette Vermieterin hat sie (anrufen) _____ .

4. Sie hat den Mietvertrag (unterschreiben) _____ .

___/5   5. In der neuen Wohnung hat sie alle Nachbarn zu einem Fest (einladen) _____ .

6 请阅读1-5以及房屋广告。哪个字母适合？请配对

Beispiel

0. Eine Kollegin aus dem Sprachkurs sucht ein Zimmer zur Untermiete.   ___*c*___

1. Sie suchen eine Wohnung für Ihren Chef. Er hat sehr viel Geld.   _____

2. Eine Freundin macht ab Mitte April drei Monate ein Praktikum in München und braucht ein billiges Zimmer.   _____

3. Eine Familie mit zwei Kindern bekommt noch ein Kind. Sie möchte eine neue Wohnung mit vier Zimmern, kann aber nicht viel zahlen.   _____

4. Ein Freund mag die Natur. Er verdient gut, hat drei Kinder und möchte nicht in der Stadt wohnen.   _____

5. Eine Kollegin kommt neu nach München. Sie sucht eine kleine Wohnung.   _____

(A)
München Giesing,
4 ZKB mit Badewanne, günstig!
100 m² Tel: 854 79 85

(D)
München Haidhausen, nur vom
15.4. – 15.7. WG-Zimmer wg.
Urlaubssemester zu vermieten,
250 € /Monat. Mail an:
haidhausen-zimmerfrei@yahoo.de

(B)
München Bogenhausen, 6-Zi-Luxus-
Wohnung, 200 m², zwei Bäder,
Whirlpool, Sauna, 3 000 € kalt,
Kaution 3 Monatsmieten. München
Immobilien, Tel.: 089 843 32 15

(E)
Schwabing – wo München am
schönsten ist! 1-Zi-Whg, 35 m²,
450 € warm, Kaution zwei MM.
E-Mail: schwabinger-wohnung
@hotmail.com

(C)
München Neuhausen: Ältere Dame
sucht nette Untermieterin für ein Jahr
oder mehr, nur Frau! Mitbenutzung
von Küche und Bad. 200 € Warmmiete.
Tel.: 342 67 89, 10 – 18 Uhr.

(F)
Gräfelfing, Häuschen im Grünen mit
Garten. 12 Kilometer zum Zentrum.
120 m² Wohnfläche, Monatsmiete
1 200 €, ab sofort, Tel 852 85 57,
ab 19 Uhr.

___/5

7 写作

Ihr Kollege Marek Wisniewski aus Polen möchte eine neue Wohnung mieten. Er ist geschieden. Sein Sohn lebt mit ihm zusammen. Marek Wisniewski arbeitet als Ingenieur bei der Firma Bosch. Er bekommt 2 500 € netto im Monat.
Der Vermieter möchte noch einige Informationen von ihm und hat ihm ein Formular gegeben. Schreiben Sie die fünf fehlenden Informationen in das Formular.

Mieterselbstauskunft

Name, Vorname:	Wisniewski, Marek	(0)
Straße/Hausnummer:	Eberhardstraße 5	
Wohnort:	70173 Stuttgart	
Telefon:	07 11/98 58 79 24	
E-Mail-Adresse:	marek_wisniewski@yahoo.de	
Land:		(1)
Familienstand:	☐ ledig ☐ verheiratet ☐ geschieden	(2)
Mit wie vielen Personen möchten Sie in der Wohnung wohnen?		(3)
Beruf:		(4)
Ich verdiene	_____ € netto im Monat.	(5)
Unterschrift	*M. Wisniewski*	

___/5

8 口语。抽取两张卡片。请提问。
您也会被问两个问题。请回答。

Liegt deine Wohnung im Zentrum?

Nein, ich brauche mit der S-Bahn 40 Minuten zum Zentrum.

Beispiel

Thema: Wohnung
Liegt deine Wohnung … ?

Thema: Wohnung	Thema: Wohnung
Wo … ?	**Wer wohnt noch … ?**

Thema: Wohnung	Thema: Wohnung
Wie viele … ?	**Wie hoch … ?**

Thema: Wohnung	Thema: Wohnung
Hat deine Wohnung … ?	**Ist deine Wohnung … ?**

___/5

Prozent	10	20	30	40	50	60	70	80	90	100

___/40 Punkte 1 2 3 4 5 6 7 8 9 10 11 12 13 14 15 16 17 18 19 20 21 22 23 24 25 26 27 28 29 30 31 32 33 34 35 36 37 38 39 40

Was ist passiert?

1 请听两遍。什么是正确的? 请选择: a, b还是c?

⊙55 0. Wo war Angela gestern?

|a| Zu Hause.   ☒ Beim Schulfest. |c| Beim Kindergeburtstag.

⊙56 1. Wo war Klaus gestern?

|a| Beim Arzt. |b| Im Krankenhaus. |c| In der Schule.

⊙57 2. Wo war Alex am Freitagabend?

|a| Im Café. |b| Im Kino. |c| Zu Hause im Bett.

⊙58 3. Wo wollen Susanne und Tom ihr Fest feiern?

|a| Im Garten. |b| Im Hof. |c| Im Park.

⊙59 4. Was haben Michael und Waltraud am Wochenende gemacht?

|a| Die Wohnung renoviert. |b| Einen Umzug gemacht. |c| Ein Fest gefeiert.

⊙60 5. Was hat Lukas am Wochenende gemacht?

___/5 |a| Ferngesehen. |b| Im Park gegrillt. |c| Lange geschlafen.

2 什么组合适合？请配对

0. die Wohnung ____ | a | feiern   3. Fußball ____ | d | gehen

1. einen Kuchen ____ | b | spielen   4. Freunde ____ | e | backen

2. spät ins Bett _0_ | c | renovieren   5. eine Party ____ | f | besuchen

___/5   0. _C_   1. ____   2. ____   3. ____   4. ____   5. ____

3 请写出完成时句子

0. im Bus / er / einschlafen   *Er ist im Bus eingeschlafen.* _____

1. vom Fahrrad / meine Tochter / fallen   _____

2. bleiben / gestern / ich / zu Hause   _____

3. nicht / zu dem Fest / warum / kommen / du / ?   _____

4. am Montag / zu spät / aufwachen / er   _____

___/5   5. fahren / wir / nach Dresden   _____

4 什么词不适合？请选择

0. Kindergarten • ~~Urlaub~~ • Ausbildung • Schule   3. Unfall • Fahrrad • Arzt • Krankenhaus

1. morgen • vorgestern • letztes Jahr • gestern Morgen   4. Bahnhof • Konzerthaus • Kino • Theater

___/5   2. fahren • gehen • schwimmen • überlegen   5. studieren • lernen • backen • lesen

5 请填写haben或者sein的正确形式

0. Ich ___*bin*___ am Freitag zu Hause geblieben.

1. Ich _____ am Wochenende spät aufgewacht.

2. Dann _____ ich gefrühstückt.

3. Nach dem Frühstück _____ ich in den Supermarkt gefahren.

4. An der Ampel _____ beinahe ein Unfall passiert.

___/5   5. Am Nachmittag _____ ich ins Kino gegangen.

6 阅读。第1-5句是正确的还是错误的？请选择

Beispiel

0. Karla besucht am Wochende Sandra. | richtig | | ~~falsch~~ |

AN: karla-huber@web.de

Hallo Karla,

leider kannst du am Wochenende nicht zu uns kommen - wir haben zu viele Termine! Am Samstag ist Kindergartenfest, und ich verkaufe 4 Stunden lang Kuchen. Und am Sonntag feiert Martin seinen siebten Geburtstag - bei uns im Garten! Eigentlich hat er sich ein Fest im Zoo gewünscht - aber das war uns dann zu teuer.
Hast du in drei Wochen Zeit? Da passt es bei uns gut.

Liebe Grüße und hoffentlich bis bald

Sandra + Familie

---

1. Sandra backt am Wochenende einen Kuchen. | richtig | | falsch |

2. Martin macht seine Party nicht im Zoo. | richtig | | falsch |

> *Lieber Tolga,*
>
> *hier an der Nordsee ist es sehr schön. Gestern haben wir Fisch gegrillt und heute Abend gehe ich mit Tarek in ein türkisches Restaurant. Wir wollen endlich mal wieder Döner essen! Am Samstag komme ich zurück, dann ruf ich dich an. Ich brauche die Hausaufgaben für unseren Deutschkurs!*
>
> *Viele Grüße*
> *Jenny*

3. Jenny ist im Urlaub in der Türkei.   ☐ richtig   ☐ falsch

4. Jenny hat gestern Fisch gegessen.   ☐ richtig   ☐ falsch

___/5   5. Jenny und Tolga lernen zusammen Deutsch.   ☐ richtig   ☐ falsch

7 请写出5个句子: 您周末做了什么

Beispiel

0. *Ich habe meine Oma besucht.* _____

1. _____

2. _____

3. _____

4. _____

___/5   5. _____

 8 口语

Name

Geburtsort

Schule

Beruf

___/5   **Telefonnummer**

Prozent	10	20	30	40	50	60	70	80	90	100

___/40 Punkte   1 2 3 4 5 6 7 8 9 10 11 12 13 14 15 16 17 18 19 20 21 22 23 24 25 26 27 28 29 30 31 32 33 34 35 36 37 38 39 40

10 Ich arbeite bei ...

⊙61 **1** 请听两遍并选择：正确还是错误？

0. Frau Deichmann muss die Kollegen bei Computerproblemen beraten.   ~~richtig~~   falsch

1. Sie hat schon in diesem Beruf gearbeitet.   richtig   falsch

2. Manchmal muss sie am Wochenende arbeiten.   richtig   falsch

3. Die Stelle ist sofort frei.   richtig   falsch

4. Sie darf sechs Monate keinen Urlaub machen.   richtig   falsch

___/5   5. Sie bekommt sofort 1 900 € netto Gehalt.   richtig   falsch

2 什么组合适合？请配对

0. Kraftfahrzeugmechaniker/in   ___   [a] Er/Sie arbeitet in einem Restaurant oder Café.

1. Erzieher/in   ___   [b] Er/Sie schreibt Programme für Computer.

2. Kellner/in   ___   [c] Er/Sie repariert Lampen.

3. Informatiker/in   ___   [d] Er/Sie fährt Kundinnen und Kunden.

4. Taxifahrer/in   ___   [e] Er/Sie arbeitet mit kleinen Kindern.

5. Elektriker/in   *0*   [f] Er/Sie repariert Autos.

___/5   0. *f*   1. ___   2. ___   3. ___   4. ___   5. ___

3 请填写müssen的正确形式

0. Sie ____müssen____ heute leider Überstunden machen.

1. _____ ihr am Wochenende arbeiten?

2. Ich _____ eine neue Stelle suchen.

3. Er _____ jeden Tag zehn Stunden arbeiten.

4. Warum _____ du gleich zum Chef gehen?

___/5　5. Wir _____ in der Arbeit immer freundlich sein.

4 请填写正确的单词

freundlich • sicher • selbstständig • anstrengend • zuverlässig • angenehm

0. Sie möchten bei uns als Ärztin arbeiten? Da müssen Sie aber sehr ____zuverlässig____ sein!

1. Ich arbeite als Reinigungskraft. Der Job ist sehr _____. Ich muss jeden Tag zwanzig Büros putzen!

2. Sie suchen eine Stelle im Service? Da müssen Sie aber immer ganz _____ zu den Kunden sein!

3. Ich brauche eine neue Arbeit, aber sie muss _____ sein! Nie wieder Zeitarbeit!

4. Wir brauchen eine neue Kollegin für den Wochenenddienst. Da sind Sie ganz allein – Sie müssen also sehr _____ arbeiten können.

5. Meine neue Stelle ist sehr _____: Die Kollegen sind nett, die Chefin ist freundlich,

___/5　die Arbeit ist interessant.

5 请写句子

0. sehr selbstständig / ich / arbeiten / kann ____Ich kann sehr selbstständig arbeiten.____

1. an / Carlos / meldet / seinen Urlaub _____

2. gefunden / eine neue Stelle / hat / Magda _____

3. will / mehr Geld / sie / verdienen _____

4. um sieben Uhr / unsere Arbeit / fängt / an _____

5. fahren / nach Hamburg / muss /

___/5　nächste Woche / ich _____

6 请阅读并选择: 正确还是错误?

Beispiel

| **Arbeiten Sie doch einfach, wann Sie wollen!** ⓪ |
| Zeitarbeitsfirma sucht freundliche und erfahrene Servicekräfte für die |
| Gastronomie, vor allem in Urlaubszeiten und am Wochenende! |
| www.zeitarbeit.de |

Die Arbeitszeiten sind immer gleich.

richtig　　~~falsch~~

Wer hilft uns?
Familie mit drei kleinen Kindern sucht nette und zuverlässige Frau, 40 – 55 Jahre, die uns im Haus und mit den Kindern hilft.
Chiffre FAM764

① Die Familie sucht eine junge Frau.

richtig   falsch

Urlaubsvertretung:
Kleine, aber feine Bäckerei sucht Aushilfe für Verkauf im August.
Bäcker Frau, Südwestplatz 9

② Die Arbeit ist nur für einen Monat.

richtig   falsch

Russischlehrerin gesucht:
Die Sprachschule Linguafranca sucht ab sofort eine Dozentin für Russisch (Muttersprachlerin) für Kurse von 18 bis 21 Uhr.
Bewerbungen bitte an info@linguarussa.com

③ Die Arbeitszeit ist abends.

richtig   falsch

Top-Gehalt!
Arbeiten von zu Hause aus! Callcenter sucht neue MitarbeiterInnen mit freundlicher Telefonstimme für die Kundenbetreuung.
Mehr Informationen unter www.megajobs.de

④ Man muss im Büro arbeiten.

richtig   falsch

Reinigungskraft für Supermarkt gesucht – ab sofort.
Faire Bezahlung, feste Arbeitszeiten.
Bitte schreiben Sie an: *info@sauber.de*

⑤ Die Arbeit ist an der Kasse.

richtig   falsch

___/5

7 写作

Ihre Freundin, Minou Khorasani, hat ein Vorstellungsgespräch.
Sie wohnt in der Nürnberger Straße 15 in 70374 Stuttgart.
Sie hat von 2003 – 2008 in Karlsruhe Informatik studiert. Sie arbeitet jetzt bei IBM in Böblingen als Informatikerin.
Die Firma möchte noch einige Informationen von ihr und hat ihr einen Personalbogen gegeben.
Schreiben Sie die fünf fehlenden Informationen in den Personalbogen.

Personalbogen

Name, Vorname: Khorasani, Minou (0)

Straße/Hausnummer: (1)

Wohnort: 70374 Stuttgart

Telefon: 07 11/33 85 64 31

E-Mail-Adresse: minou_k@yahoo.de

Studium: von ___ bis ___ (2)

in ___ (3)

Beruf: (4)

Sind Sie arbeitslos? ☐ ja ☐ nein (5)

Unterschrift *Minou Khorasani*

___/5

8 口语。每个主题抽取一张卡片。
请提问。您也会被问。请回答。

> Wie ist deine Arbeitszeit?

> Ich arbeite von 8 bis 12 Uhr.

Beispiel

Thema: Arbeit
Arbeitszeit

Thema: Arbeit	Thema: Wochenende
Beruf	**Familie**
Thema: Arbeit	Thema: Wochenende
Überstunden	**Ausflug**
Thema: Arbeit	Thema: Wochenende
Chefin/Chef	**Zeitung**
Thema: Arbeit	Thema: Wochenende
Stundenlohn	**Kino**
Thema: Arbeit	Thema: Wochenende
Urlaub	**Sport**
Thema: Arbeit	Thema: Wochenende
Kollegen/Kolleginnen	**Freunde**

___/5

Prozent	10	20	30	40	50	60	70	80	90	100

___/40 Punkte 1 2 3 4 5 6 7 8 9 10 11 12 13 14 15 16 17 18 19 20 21 22 23 24 25 26 27 28 29 30 31 32 33 34 35 36 37 38 39 40

11 Gesund und fit

1 请听并选择: 正确还是错误?

⊙62　0. Herr Kaminski kann das Medikament sofort abholen.　~~richtig~~　falsch

⊙63　1. Für 30　im Monat kann man Kurse besuchen.　richtig　falsch

⊙64　2. Herr Zeuner bekommt nicht sofort einen Termin.　richtig　falsch

⊙65　3. Herr Wetz ist schon drei Tage krank.　richtig　falsch

⊙66　4. Die Gesundheitskasse hat am Samstagvormittag geöffnet.　richtig　falsch

⊙67　5. Herr Behrendt soll in die Praxis von Dr. Janzen
___/5　　kommen.　richtig　falsch

2 请在图片下写出疾病

___/5　_Schnupfen_　_____　_____　_____　_____　_____

3 请填写sollen和dürfen的正确形式

0. die Kinder • heute • nicht fernsehen • dürfen　　_Die Kinder dürfen heute nicht fernsehen._

1. sollen • joggen • oft • ich　　_____

2. nicht • so viel Kuchen • dürfen • essen • wir　　_____

3. du • mehr schlafen • sollen　　_____

4. machen • darf • keinen Sport • er　　_____

___/5　5. viel Tee • sollen • trinken • ihr　　_____

4 这是谁说的: 医生还是病人? 请选择

0. Guten Tag, Herr Lahr. Was fehlt Ihnen denn?　~~Ärztin~~　Patient

1. Ich schreibe eine Überweisung.　Ärztin　Patient

2. Ich brauche eine Krankmeldung.　Ärztin　Patient

3. Wie oft soll ich das Medikament nehmen?　Ärztin　Patient

4. Wir müssen erst mal röntgen.　Ärztin　Patient

___/5　5. Machen Sie einen Termin beim Orthopäden!　Ärztin　Patient

5 哪个适合? 请填写Ja或者Doch

0. Bist du nicht krank? – _Doch!_　　　3. Gehst du heute mit ins Fitnessstudio? – _____

1. Machst du keinen Sport? – _____　　　4. Hast du keinen Arzttermin bekommen? – _____

___/5　2. Trainierst du regelmäßig? – _____　　　5. Fährst du viel Fahrrad? – _____

6 阅读。第1-5句是正确的还是错误的？请选择

Beispiel

0. Katja und Monika machen zusammen Sport. ~~richtig~~ falsch

AN: katja-faulhaber@freenet.de

Hallo Katja,

danke für deine Mail. Du kannst heute nicht zu unserem Fußballtraining kommen – schade! Hoffentlich geht es dir bald besser! Ich hatte letzte Woche auch eine Erkältung, aber seit Freitag bin ich wieder fit ☺. Also gehe ich heute ins Training. Wir haben doch eine neue Mitspielerin im Verein, Anja, die möchte ich unbedingt kennenlernen! Ich rufe dich dann an und erzähle dir alles!

Bis bald
Monika

1. Monika war am Sonntag krank. richtig falsch

2. Es gibt eine neue Frau in der Fußballgruppe. richtig falsch

Hallo Martin,

na, wie geht's? Mir geht es leider nicht so gut, ich habe Probleme mit meinem Rücken. Der Arzt hat gesagt, ich soll ins Fitnessstudio gehen. Aber das macht mit einem Freund zusammen mehr Spaß, finde ich. Möchtest du nicht mitkommen? Sport tut dir sicher auch gut, du sitzt doch den ganzen Tag im Büro …
In der Innenstadt gibt es ein neues Fitnessstudio, die Preise dort sind in Ordnung. Am Samstag ist Tag der offenen Tür, dann können wir uns das mal ansehen. Bitte antworte schnell!

Schöne Grüße

Julian

3. Julian soll seinen Rücken trainieren. richtig falsch

4. Julian macht gerne allein Sport. richtig falsch

___/5 5. Das Fitnessstudio im Zentrum ist nicht teuer. richtig falsch

7 写作

Ihr Kind ist krank und kann nicht in die Schule gehen.
• Entschuldigen Sie Ihr Kind.
• Was hat Ihr Kind?
• Bitten Sie um die Hausaufgaben.

___/5 Schreiben Sie zu jedem Punkt ein bis zwei Sätze. Vergessen Sie nicht die Anrede und den Gruß.

8 口语。每个主题抽取一张卡片。请提问。
您也会被问。请回答

Hast du manchmal Kopfschmerzen?

Ja, manchmal.

Beispiel

Thema: Gesundheit
Kopfschmerzen

Thema: Gesundheit
Rezept

Thema: Gesundheit
Ärztin/Arzt

Thema: Gesundheit
Krankenhaus

Thema: Gesundheit
Medikamente

Thema: Gesundheit
Rückenprobleme

Thema: Gesundheit
Apotheke

Thema: Fitness
Diät

Thema: Fitness
Sport

Thema: Fitness
Fitnessstudio

Thema: Fitness
Fahrrad

Thema: Fitness
Gymnastik

Thema: Fitness
Kondition

___/5

Prozent	10	20	30	40	50	60	70	80	90	100

___/40 Punkte 1 2 3 4 5 6 7 8 9 10 11 12 13 14 15 16 17 18 19 20 21 22 23 24 25 26 27 28 29 30 31 32 33 34 35 36 37 38 39 40

12 Schönes Wochenende!

1 请听两遍。什么是正确的? 请选择

⊙68   0. Wie ist heute das Wetter in Hamburg?
- [a] Die Sonne scheint.
- [b] Es gibt viel Wind.
- [X] Es regnet.

⊙69   1. Die Nummer vom Reiseservice ist:
- [a] 0 180 5 66 99 33.
- [b] 0 180 9 95 66 33.
- [c] 0 180 5 99 66 33.

⊙70   2. Wie kommt der Gast ins Hotel?
- [a] Mit dem Taxi.
- [b] Mit dem Bus.
- [c] Zu Fuß.

⊙71   3. Wann kommt Nina?
- [a] Nächstes Wochenende.
- [b] In drei Wochen.
- [c] Anfang September.

⊙72   4. Wie lange wartet Alex noch?
- [a] Zwei Minuten.
- [b] Vier Minuten.
- [c] Zehn Minuten.

⊙73   5. Wo ist der Treffpunkt?
- [a] Bei den Taxis.
- [b] An der Information.
- [c] Im Zentrum.

___/5

2 什么组合适合? 请配对

0. ein Formular	___	[a] ausgeben
1. in die Türkei	___	[b] einsteigen
2. den Hamburger Hafen	___	[c] reservieren
3. einen Platz	_0_	[d] ausfüllen
4. in den Zug	___	[e] fliegen
5. Geld	___	[f] besichtigen

___/5   0. _d_   1. ___   2. ___   3. ___   4. ___   5. ___

3 哪个介词适合? 请选择

0. Der Kühlschrank steht [ ] hinter [X] unter dem Fenster.

1. Wir wollen im Juli [ ] an [ ] in den Bodensee fahren.

2. [ ] Neben [ ] Unter dem Eingang ist ein Kiosk.

3. Ich möchte so gern einen Ausflug [ ] in [ ] an die Berge machen.

4. [ ] Auf [ ] In dem Marktplatz ist am Samstag ein Fest.

___/5   5. Der Fernsehraum ist [ ] in [ ] hinter dem Frühstücksraum.

4 什么词不适合? 请选择

0. Fahrkarte • ~~Hotel~~ • Reservierung • Buchung

1. Koffer • Tasche • Rucksack • Handy

2. Meer • Berge • Museum • Wald

3. Wolke • Sommer • Regen • Schnee

4. Flugzeug • Zug • Fahrkarte • Bus

___/5   5. Freizeit • Urlaub • Wochenende • Arbeit

5 请填写正确的人称代词的第四格

0. Meine Eltern möchten ein Wochenende ans Meer fahren. Haben Sie ein gutes Angebot für ___sie___ ?

1. Ich finde das Deutsche Museum in München sehr interessant. Ich habe _____ schon oft

   besucht.

2. Warum hast du _____ gestern nicht besucht? Ich habe zwei Stunden gewartet!

3. Wir möchten so gerne Urlaub in Japan machen. Aber das ist leider zu teuer für _____ .

4. Mein Sohn möchte Fußballferien machen. Wo kann ich _____ anmelden?

___/5   5. Tschüs Antonio, ich rufe _____ morgen an!

6 阅读。请选择。正确还是错误?

Beispiel

Aktivurlaub für Familien! ⓪
Bei uns ist immer was los! • *Spiele – Strand – Nordsee!*
Kommen Sie ins Familienferienzentrum nach
St. Peter Ording!

Hier können Personen ab 60 Jahren Urlaub machen.

| richtig | ~~falsch~~ |

Dresden - die Perle an der Elbe ①
– ein musikalisches Wochenende für Kulturfans –
Mit Besuch der Semperoper:
Es gibt „*Die Zauberflöte*" von W. A. Mozart.

Dieses Angebot ist gut für Musikfreunde.

| richtig | falsch |

Suche Wanderfreunde! ②
Plane eine lange Wanderung in den Alpen,
ca. 10 Stunden pro Tag – wer kommt mit?

Mails bitte an *alpenwandern@yahoo.de*

Diese Anzeige ist nur für sportliche Menschen.

| richtig | falsch |

Ausflug an den Rhein! ③
• Loreley und romantische Burgen!
• Schifffahrt für Groß und Klein!
Erleben Sie den Rhein, den längsten Fluss Deutschlands!
Nur von April bis Oktober!

Dieses Angebot gibt es auch im Winter.

| richtig | falsch |

Das Angebot für Vielfahrer – die BahnCard 50! ④
Sie reisen viel mit der Bahn?
Dann sparen Sie mit der BahnCard 50!
Mehr Informationen unter **www.bahn.de**

Dieses Angebot ist für Autofahrer.

| Richtig | falsch |

Berlin Urlaub Bus. ⑤
Wir fahren günstig in alle deutschen Städte! Preisbeispiele ab Berlin:
Hamburg 26 €, Dresden 18 €, München 47 €
Auch viele Ziele im Ausland!
Fahrplan und Preise unter www.berlinurlaubbus.de

Mit diesem Angebot können Sie nach München fahren.

| richtig | falsch |

___/5

7 写作

Schreiben Sie an die Touristeninformation in München:
- Sie kommen im September nach München.
- Bitten Sie um Informationen über das Oktoberfest und über interessante Ziele in der Nähe von München.
- Bitten Sie um Adressen von Jugendherbergen.

Schreiben Sie zu jedem Punkt ein bis zwei Sätze.

___/5   Vergessen Sie nicht die Anrede und den Gruß.

8 口语。抽取两张卡片。请提出请求。
您也会得到两个请求。请回复

Beispiel

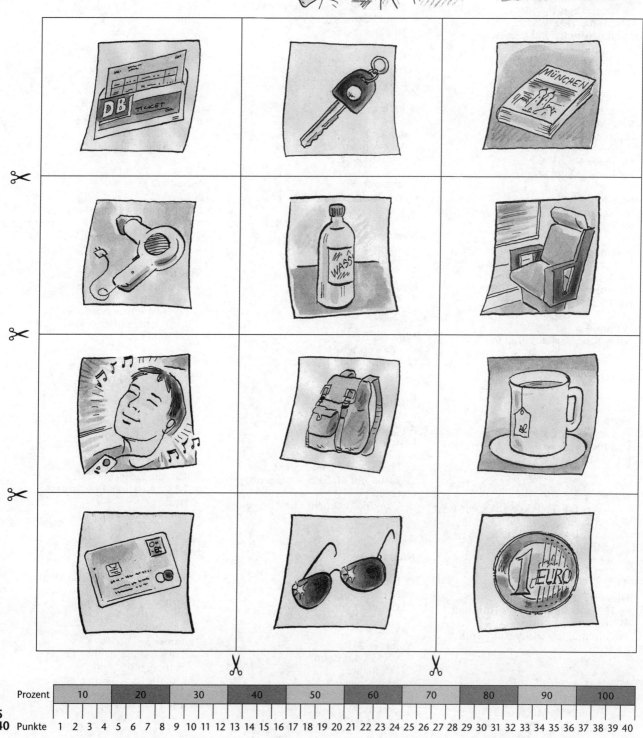

Hörtexte 听力原文

Kapitel 1

⊙2
Aufgabe 1
Beispiel
- ● Hallo, woher kommst du?
- ○ Aus der Ukraine, und du?

Nummer 1 bis 5
- ● Entschuldigung, wie ist Ihr Name?
- ○ Olga Minakova.
- ● Und woher kommen Sie, Frau Minakova?
- ○ Aus Russland, aus Moskau.
- ● Welche Sprachen sprechen Sie?
- ○ Ich spreche Russisch und Französisch. Und jetzt lerne ich Deutsch.
- ● Und wo wohnen Sie?
- ○ Ich wohne in Dresden.

⊙3
Aufgabe 2
Beispiel
Hallo, woher kommst du?

Nummer 1
Hallo, ich heiße Magdalena. Und du?

Nummer 2
Ich komme aus der Türkei. Und woher kommst du?

Nummer 3
Ich spreche Polnisch und Russisch.

Nummer 4
Ich komme aus Frankfurt.

Nummer 5
Ich wohne in Hamburg, und Sie?

Kapitel 2

⊙4
Aufgabe 1
Beispiel
- ● Tag Carmen, wie geht's?
- ○ Super, und dir?
- ● Na ja, es geht.

⊙5
Nummer 1
- ● Guten Tag, Frau Kowalska, wie geht es Ihnen?
- ○ Nicht so gut, und Ihnen, Herr Schmidt?
- ● Sehr gut, danke!

⊙6
Nummer 2
- ● Hallo, Yong-Min! Was trinkst du?
- ○ Tee, bitte.
- ● Gut, und ich trinke Kaffee mit Milch.

⊙7
Nummer 3
- ● Einen Kaffee, bitte!
- ○ Nehmen Sie Milch und Zucker?
- ● Nur Zucker, bitte.

⊙8
Nummer 4
- ● Ein Orangensaft und ein Kaffee – macht 3,10 € bitte.
- ○ Entschuldigung, wie viel?
- ● 1,50 € der Orangensaft, 1,60 € der Kaffee, macht 3,10 €.

⊙9
Nummer 5
- ● Entschuldigung, Frau Kraus, wie ist Ihre Telefonnummer?
- ○ Das ist die sechsundfünfzig – vierundsiebzig – einundachtzig.
- ● Sechsundfünfzig – vierundsiebzig – einundachtzig?
- ○ Ja, genau!

⊙10
Aufgabe 2
Beispiel
- ● Wo wohnst du?
- ○ Parkstraße 74.

Nummer 1
- ● Wo wohnen Sie?
- ○ Dorfstraße 14.

Nummer 2
- ● Wie ist Ihre Adresse bitte?
- ○ Goethestraße 20.

Nummer 3
- ● Wo wohnst du?
- ○ Bahnhofstraße 26.

Nummer 4
- ● Wie ist deine Adresse?
- ○ Sandstraße 115.

Nummer 5
- ● Wo wohnen Sie?
- ○ Berliner Platz 18.

Kapitel 3

⊙11
Aufgabe 1
Beispiel
- ● Ich brauche eine Schere.
- ○ Eine Schere? Die Schere hier kostet nur 40 Cent – ein Schnäppchen!
- ● Okay, das ist nicht viel. Die nehme ich.

⊙12
Nummer 1
- ● Was kostet der Fernseher?
- ○ Der kostet nur 50 €.
- ● Funktioniert er denn?
- ○ Ja klar, er funktioniert super.

⊙13
Nummer 2
- ● Was ist das denn?
- ○ Ein Radio.
- ● Ist das neu?
- ○ Nein, gebraucht. Es ist sehr praktisch und auch billig!

⊙14
Nummer 3
- ● Ich suche ein Fahrrad.
- ○ Neu oder gebraucht?
- ● Neu ist zu teuer.
- ○ Hier ist ein Fahrrad für 30 €.
- ● Das ist ja super billig! Das nehme ich!

⊙15
Nummer 4
- ● Ich möchte die Lampe. Funktioniert die?
- ○ Klar! Sie kostet aber 30 €.
- ● Oh, dann nehme ich sie nicht.

⊙16
Nummer 5
- ● Ist der Kühlschrank neu?
- ○ Er ist fast neu.
- ● Und was kostet er?
- ○ 145 €.
- ● Oh, das ist viel zu teuer. Haben Sie auch billige Kühlschränke?

⊙17
Aufgabe 2
Beispiel
- ● Der Kinderwagen ist praktisch. Wie viel kostet er?
- ○ Er ist sehr billig! Nur 54 €!

⊙18
Nummer 1
- ● Oh, das Haus ist super! Was kostet es?
- ○ Ja, es ist sehr schön, aber nicht ganz billig: Es kostet 560 000 €.

⊙19
Nummer 2
- ● Dein Handy ist ja super! Ist das neu?
- ○ Ja, und es war super billig! Nur 48 €!

⊙20
Nummer 3
- ● Oh, die Kaffeemaschine ist ja praktisch! Was kostet die?
- ○ Für Sie nur 13 €!

⊙21
Nummer 4
- ● Was kostet das Auto?
- ○ Es ist gebraucht und kostet nur 10 000 €.
- ● 10 000 €? Das ist zu viel!

⊙22
Nummer 5
- ● Entschuldigung, was kostet die Lampe, bitte?
- ○ Oh, die ist sehr alt. Sie kostet 144 €.
- ● 144 €? So teuer!

Kapitel 4

⊙ 23
Aufgabe 1
Beispiel

● Hallo Marie, was machst du heute Abend?
○ Ich bin zu Hause und sehe fern. Heute kommt doch das Konzert mit Peter Fox im Fernsehen!
● Ja, richtig! Um wie viel Uhr denn?
○ Um halb neun!

⊙ 24
Nummer 1

● Hallo Klaus, kommst du morgen Abend mit ins Kino?
○ Oh, da kann ich nicht, da habe ich einen Russischkurs.
● Wann ist der Unterricht denn zu Ende?
○ Um halb neun.
● Der Film fängt erst um neun Uhr an.
○ Super, dann komme ich mit.

⊙ 25
Nummer 2

● Entschuldigung, wie spät ist es bitte?
○ Moment bitte … Fünf vor halb fünf.
● Oh, schon so spät! Danke!

⊙ 26
Nummer 3

● Tschüs Hannah!
○ Tschüs Matthias! Bis heute Abend!
● Ja richtig! Wann fängt das Konzert noch mal an?
○ Um acht! Kommst du um zehn vor acht?
● Alles klar, mach ich! Bis dann!

⊙ 27
Nummer 4

● Hallo Mehmet, lernen wir morgen zusammen?
○ Tag Pawel! Ja, gerne! Wann hast du Zeit?
● Morgen um zwei Uhr passt gut, nach dem Kurs.
○ Super, dann bis morgen!

⊙ 28
Nummer 5

● Grüß dich, Martin!
○ Tag Sabine!
● Hast du am Wochenende Zeit? Kommst du mit ins Schwimmbad?
○ Gute Idee! Wann denn?
● Also, am Samstagvormittag ist es schlecht, aber nachmittags habe ich Zeit – sagen wir um vier Uhr?
○ Schön, dann bis Samstag um vier!

⊙ 29
Aufgabe 2
Beispiel

● Hallo Michael! Kommst du morgen Nachmittag mit zum Stadtfest? Um drei Uhr?
○ Tag Anne! Ja, gern! Aber drei Uhr passt nicht. Geht fünf Uhr?
● Das ist zu spät! Ist vier Uhr okay?
○ Ja gut, sagen wir vier Uhr.

⊙ 30
Nummer 1

● Hallo Natascha!
○ Tag Cem! Wie geht's?
● Super, und dir?
○ Mir auch. Was machst du heute Abend?
● Ich gehe ins Kino. Kommst du mit?
○ Äh … ich gehe heute ins Konzert. Vielleicht morgen?
● Morgen bin ich im Schwimmbad. Dann vielleicht am Samstag?
○ Ja, Samstag passt. Im Kino Zentral läuft ein Film von Andreas Dresen, hast du Lust?
● Ja klar!

⊙ 31
Nummer 2

● Hallo Karin, wie geht's?
○ Tag Stefanie! Nicht so gut. Ich mache einen Computerkurs, und alles ist neu!
● Computer? Ich auch! Lernen wir das zusammen?
○ Ja, gerne. Wann hast du Zeit?
● Samstag und Sonntag kann ich nicht. Geht Montagnachmittag?
○ Hm … Hast du auch am Dienstag Zeit? Um vier?
● Ja, okay, dann Dienstagnachmittag, vier Uhr.

⊙ 32
Nummer 3

● Guten Tag, Herr Bachmann!
○ Guten Tag, Frau Müller.
● Ich brauche bitte einen Termin. Geht Montagvormittag?
○ Das geht leider nicht. Dienstagvormittag? Passt das?
● Nein, leider nicht. Kann ich am Dienstagnachmittag kommen? So um 16 Uhr?
○ Ja, das passt. Dann Dienstagnachmittag, 16 Uhr.
● Vielen Dank!

⊙ 33
Nummer 4

● Monika, hallo! Gisela hier.
○ Hallo!
● Kommt ihr mit? Ich möchte am Samstag mit den Kindern zum Fußballspiel gehen.
○ Fußball? Dazu hat Melanie sicher keine Lust. Warum gehen wir nicht auf den Flohmarkt?
● Flohmarkt? Ich weiß nicht …
○ Dann vielleicht ins Kindertheater? Am Samstag läuft doch das Sams!
● Ja, das ist eine tolle Idee.

⊙ 34
Nummer 5

● Guten Tag. Ich möchte Deutsch lernen.
○ Ja, wann haben Sie Zeit?
● Am Vormittag oder am Abend. Am Nachmittag arbeite ich.
○ Wir haben einen Abendkurs am Montag, Mittwoch und Freitag von 17 Uhr bis 20:15 Uhr oder einen Kurs am Vormittag, Montag bis Freitag von 9 bis 12 Uhr.
● Hmm, Freitagabend kann ich nicht. Dann nehme ich den Kurs am Vormittag.
○ Ja, gerne.

Kapitel 5

⊙ 35
Aufgabe 1
Beispiel

● Backen wir heute einen Kuchen? Monika kommt doch zum Kaffeetrinken.
○ Ja stimmt! Was brauchen wir denn?
● Also, Mehl und Eier haben wir, aber Butter ist keine mehr da!
○ Okay, ich hole noch schnell eine Packung im Supermarkt.

⊙ 36
Nummer 1

● Guten Tag, Frau Kaiser, was darf's denn sein?
○ Also, ich brauche 200 Gramm Gouda-Käse und 100 Gramm Schinken.
● Den Käse in Scheiben oder am Stück?
○ Am Stück, bitte.
● Und den Schinken?
○ In Scheiben bitte.
● So, hier haben Sie 200 Gramm Gouda am Stück und 100 Gramm Schinken in Scheiben.

⊙ 37
Nummer 2

● Du, Andreas, was brauchen wir denn noch für den Obstsalat?
○ Also, wir haben noch einen Apfel, zwei Bananen, eine Kiwi und eine Orange.
● Okay, dann brauchen wir noch zwei Äpfel und eine Orange.
○ Genau, zwei Äpfel und eine Orange. Kein Problem, die hole ich nachher gleich auf dem Markt.

⊙ 38
Nummer 3

● Gudrun! Was möchtest du zum Frühstück?
○ Äh, zum Frühstück … gute Frage! Ein bisschen Brot mit Marmelade und Butter. Und Kaffee! Kaffee ist ganz wichtig.
● Okay, hier sind schon mal Brot, Marmelade und Butter. Der Kaffee kommt gleich. Möchtest du auch Obst, Joghurt oder Käse?
○ Nein danke.

Hörtexte 听力原文

⊙ 39
Nummer 4
● Du Torsten, wir brauchen noch Mineralwasser.
○ Mineralwasser? Okay, ich hole schnell noch zwei Flaschen.
● Aber der Supermarkt ist schon zu. Und der Getränkemarkt in der Hauptstraße auch.
○ Dann gehe ich eben zum Kiosk. Der ist jetzt noch geöffnet!

⊙ 40
Nummer 5
● Hallo Sara! Ich möchte dich am Samstagabend zum Essen einladen.
○ Oh, das ist ja nett. Ich komme gern.
● Was isst du denn gern?
○ Ich möchte mal was Deutsches essen.
● Also keine Nudeln, keine Pizza?
○ Nein, lieber nicht.
● Dann vielleicht eine Gemüse-suppe?
○ Ja, gerne!

⊙ 41
Aufgabe 2
Beispiel: Sie wünschen?
Nummer 1
Darf's ein bisschen mehr sein?
Nummer 2
Möchten Sie den Käse in Scheiben oder am Stück?
Nummer 3
Darf es noch etwas sein?
Nummer 4
Ist das alles?
Nummer 5
Das macht zusammen 8,50 €.

Kapitel 6
⊙ 42
Aufgabe 1
Beispiel
Grüß Gott, ich bin Hans Maier. Ich lebe allein, schon ganz lange. Aber meine Kinder besuchen mich oft.

⊙ 43
Nummer 1
Hallo, ich bin Serena. Meine Fami-lie ist sehr groß. Ich habe drei Schwestern und vier Brüder. Sechs sind schon verheiratet und haben zusammen zehn Kinder.

⊙ 44
Nummer 2
Ich heiße Tina Schweiger. Meine Familie? Tja, also, ich bin geschieden und meine Schwester auch. Wir haben beide keine Kinder. Wir leben allein – sie in Köln und ich in Cux-haven. Weihnachten feiern wir immer zusammen.

⊙ 45
Nummer 3
Guten Tag, mein Name ist Marja Kischbaum. Ich wohne in einer Wohngemeinschaft. Wir sind sechs Personen, und wir sind alle über 70 Jahre alt.

⊙ 46
Nummer 4
Hallo, ich heiße Jan. Ich bin 17 und wohne noch bei meiner Mutter. Meine Eltern sind geschieden, und mein Vater wohnt auch nicht mehr hier in Magdeburg.

⊙ 47
Nummer 5
Hallo, ich bin Jupp. Noch bin ich ledig, aber ich heirate bald – in zwei Monaten. Und dann möchten wir auch schon bald ein Kind.

Kapitel 7
⊙ 48
Aufgabe 1
Beispiel
● Entschuldigung, ich suche einen Geldautomaten.
○ Hm, also, wir sind hier am Friedrich-Wilhelm-Platz, da gibt es keinen. Und die Bank am Walther-Schreiber-Platz ist auch nicht mehr da … Also gehen Sie am besten in die Schlossstraße, da sind viele Banken. Da finden Sie bestimmt einen Geldautomaten.
● Vielen Dank!

⊙ 49
Nummer 1
● Hallo Katja, was machst du denn hier am Bahnhof? Warum bist du nicht in der Schule?
○ Guten Tag, Herr Kuhn! Heute ist keine Schule. Wir fahren mit der ganzen Klasse ins Museum und besuchen die Ägypten-Ausstellung.
● Das ist ja toll! Na dann viel Spaß!
○ Danke.

⊙ 50
Nummer 2
● Hallo Anastasia! Was machst du denn am Samstagabend?
○ Grüß dich Baris! Hm, ich weiß noch nicht. Vielleicht gehe ins Kino.
● Jan aus dem Sprachkurs macht eine Party. Er hat Geburtstag. Möchtest du mitkommen?
○ Ja, gerne!
● Gut, dann hole ich dich am Samstag um 7 Uhr ab, okay?
○ Super, danke!

⊙ 51
Nummer 3
● Entschuldigung, wie komme ich zum Bahnhof?
○ Zum Bahnhof … also, Ihr Koffer ist ja sehr schwer. Die U-Bahn-Halte-stelle ist noch weit. Vielleicht neh-men Sie am besten ein Taxi? Gleich da vorne ist ein Taxistand.
● Nein, Taxis sind mir zu teuer.
○ Sie können auch den Bus nehmen. Die nächste Haltestelle ist in hun-dert Metern rechts.
● Gut, dann nehme ich den Bus.

⊙ 52
Nummer 4
● Hallo, wo ist denn hier bitte das Schwimmbad?
○ Also, fahr am besten hier links und dann die Hauptstraße entlang. Nach ungefähr 200 Metern kommt eine Ampel. Da fährst du rechts, und da siehst du dann schon das Bad.
● Also, hier links, dann 200 Meter geradeaus, dann an der Ampel rechts, und dann bin ich schon da?
○ Ja, genau.

⊙ 53
Nummer 5
● Guten Tag, Herr König, herzlich willkommen in unserer Firma! Ich zeige Ihnen gleich Ihr Büro und stelle Sie dann auch den Kolleginnen und Kollegen vor. Danach können Sie ins Personalbüro ge-hen. Und um 10 Uhr haben Sie dann einen Termin mit der Chefin. Die sitzt in Zimmer 110.
○ Alles klar, dann bin ich um zehn Uhr in Zimmer 110.

Kapitel 8
⊙ 54
Aufgabe 1
Beispiel
● Kast am Apparat, guten Tag?
○ Guten Tag, Herr Kast. Mein Name ist Karla Schönemann. Ich habe Ihre Anzeige in der Zeitung gele-sen.
● Ach ja, die für meine Wohnung? Die ist noch frei.
○ Schön. Kann ich Ihnen bitte ein paar Fragen zu der Wohnung stel-len?
● Aber natürlich!
○ Gut. Gibt es denn in der Wohnung eine Badewanne?
● Nein, leider nicht, nur eine Du-sche. Wissen Sie, das Bad ist so klein, und so ist noch Platz für die Waschmaschine. Dann steht die Waschmaschine nicht in der Kü-che, das finde ich besser.

Nummer 1 bis 5

○ Ich verstehe. Wie hoch ist denn die Miete noch mal, bitte?

● Also, ich möchte für die Wohnung 500 € kalt. Dazu kommen dann natürlich noch Heizung, Müllabfuhr und so weiter.

○ Aha, danke. Und in der Anzeige steht, es gibt einen Parkplatz?

● Ja, der kostet dann noch mal 80 € extra im Monat.

○ Mhm. Und gibt es auch eine Kaution?

● Ja, aber wissen Sie, ich vermiete ja privat und da nehme ich etwas weniger als eine Monatsmiete, also 450 €.

○ Das finde ich in Ordnung. Und ab wann ist die Wohnung denn frei?

● Ja, das ist so. Die Wohnung ist frisch renoviert und natürlich auch gereinigt. Aber im Sommer kommen noch Freunde von mir in die Stadt, die mieten dann die Wohnung. Frei ist sie dann ab Anfang September.

○ Oh, das ist aber schade. Ich brauche sofort eine Wohnung. So lange kann ich nicht warten.

● Tut mir leid.

○ Danke trotzdem. Auf Wiederhören.

● Auf Wiederhören.

Kapitel 9
⊙ 55
Aufgabe 1
Beispiel

● Tag, Angela, wie geht's?

○ Hallo, Martin! Nicht so gut! Immer ist was mit den Kindern! Letzte Woche war unsere große Tochter krank – und ich war dann natürlich auch die ganze Zeit zu Hause! Morgen feiert mein Sohn Kindergeburtstag, und er will einen Kuchen haben. Ich muss also heute noch backen. Und gestern hatte unsere kleine Tochter Schulfest, da waren wir auch von ein Uhr bis sieben Uhr. Die Feste machen ja Spaß, aber ich möchte endlich mal wieder einfach nur fernsehen …

● Hoffentlich kannst du das dann übermorgen!

⊙ 56
Nummer 1

● Hallo, Miriam!

○ Tag, Klaus, wie geht's? Wo warst du denn gestern? Wir hatten in der Arbeit doch dieses wichtige Gespräch mit dem Chef!

● Du, ich hatte am Morgen mit dem Fahrrad einen kleinen Unfall und war ganz lang beim Arzt. Da waren so viele Leute – ich habe drei Stunden gewartet!

○ Warum bist du nicht einfach ins Krankenhaus gegangen?

● Nein, Krankenhäuser finde ich schrecklich! Da warte ich lieber!

⊙ 57
Nummer 2

● Hallo Alex, wo warst du denn am Freitagabend? Ich habe fünfmal bei dir angerufen, aber du bist nie ans Telefon gegangen! Wir waren doch verabredet: Kino! Zu „Der Räuber", Spätvorstellung um 22 Uhr!

○ Oh, das tut mir echt leid, Anna, aber ich hatte am Freitag den ganzen Tag Stress! Morgens einen Test, nachmittags habe ich im Café gearbeitet – und am Abend war ich zu müde. Ich habe schon um neun Uhr geschlafen.

⊙ 58
Nummer 3

● Hallo Tom!

○ Tag Susanne!

● Du, was ist mit unserem Fest? Wir haben nicht mehr viel Zeit! Wann planen wir das?

○ Ja, stimmt! Wo möchtest du feiern? Draußen finde ich gut!

● Ja, ich auch – aber mein Garten ist zu klein! Geht es bei dir im Hof?

○ Nein, der ist auch zu klein. Und die Nachbarn mögen keine laute Musik.

● Wir können doch in den Park gehen, oder?

○ Super Idee! Das machen wir!

⊙ 59
Nummer 4

● Hallo Michael, hallo Waltraud! Was habt ihr denn am Wochenende gemacht?

○ Oh, wir haben ganz viel gearbeitet! Wir haben die neue Wohnung renoviert. Du weißt doch, nächste Woche ziehen wir um, und wir möchten noch ganz viel in der Wohnung machen!

● Ach ja, das habe ich ganz vergessen! Nächstes Wochenende habe ich Zeit, da kann ich euch helfen!

○ Super! Und nach dem Umzug machen wir ein großes Fest!

⊙ 60
Nummer 5

● Grüß dich, Lukas! Wie geht's? Wie war dein Wochenende?

○ Oh, es war super! Ich war am Freitag total müde und hatte nur noch Lust auf Fernsehen – aber dann hat Jochen angerufen, und wir haben im Park gegrillt. Es war ganz spät. Aber leider habe ich dann am Samstag und am Sonntag auch nicht lange geschlafen – unser Baby ist immer um 6 Uhr aufgewacht!

Kapitel 10
⊙ 61
Aufgabe 1
Beispiel

● Guten Tag, Frau Deichmann, herzlich willkommen! Mein Name ist Schröder.

○ Guten Tag, Herr Schröder, und danke für die Einladung zu diesem Bewerbungsgespräch.

● Sie haben sich ja sicher die Homepage von unserer Firma angesehen. Haben Sie denn noch Fragen zu der Stelle?

○ Was genau sind meine Aufgaben in der Firma?

● Also, Sie pflegen unsere Homepage, installieren neue Programme auf den Computern und sind für die Kollegen da, die Hilfe bei Computerproblemen brauchen.

Nummer 1 bis 5

○ Ja, das kann ich alles. Ich hatte ja schon in einer anderen Firma eine Stelle als Informatikerin. Wie sind denn bei Ihnen die Arbeitszeiten?

● Wir haben Gleitzeit. Die Arbeitszeit ist insgesamt 40 Wochenstunden. Einmal im Monat haben Sie Wochenenddienst. Da müssen Sie dann in die Firma kommen, wenn es Probleme gibt.

○ Gut, einmal im Monat ist ja nicht so viel. Und ab wann ist die Stelle frei?

● Die Kollegin, die jetzt die Stelle hat, bekommt Anfang März ein Baby und geht in Elternzeit. Jetzt haben wir Januar – die Stelle ist dann also in zwei Monaten frei.

○ Gut. Gibt es eine Probezeit?

● Ja, wie üblich: ein halbes Jahr. In dieser Zeit dürfen sie keinen Urlaub machen. Danach bekommen Sie dann einen festen Vertrag für zwei Jahre.

○ Ja, so kenne ich das auch. Und wie viel verdient man bei Ihnen so als Informatikerin?

● Am Anfang bekommen Sie bei uns netto ungefähr 1 800 €. Das wird dann aber später noch mehr. Haben Sie noch Fragen?

○ Nein, im Moment nicht.

● Gut, dann hätte ich noch ein paar Fragen an Sie …

Kapitel 11
⊙ 62
Aufgabe 1
Beispiel

Guten Tag, Herr Kaminski. Hier spricht Kuhn von der Marktapotheke. Sie haben gestern Tabletten bei uns bestellt. Die sind jetzt gekommen und liegen hier für Sie bereit. Wir sind heute noch bis 19 Uhr da. Auf Wiederhören!

⊙ 63

Nummer 1

● Fitnessstudio Vital, was kann ich für Sie tun?

○ Ja, also, ich möchte gerne bei Ihnen trainieren. Was kostet das denn im Monat?

● Es gibt verschiedene Preise. Das Günstigste ist 30 € im Monat, das ist dann nur Fitness, ohne Schwimmbad und ohne Kurse. Mit Schwimmbad sind es dann 40 € im Monat, und wenn Sie 50 € im Monat bezahlen, können Sie an zwei Kursen pro Woche teilnehmen.

⊙ 64

Nummer 2

● Praxis Dr. Albers, guten Tag!

○ Hallo, äh, mein Name ist Zeuner und ich hätte gern einen Termin zur Vorsorge.

● Ja, wann können Sie denn, Herr Zeuner? Geht es auch vormittags?

○ Ja, vormittags geht.

● Da habe ich einen Termin am 1.4. um 11 Uhr, das ist in drei Wochen. Passt Ihnen das?

○ Ja, das geht.

● Wunderbar, dann am 1.4. um 11 Uhr. Auf Wiederhören!

○ Danke und auf Wiederhören!

⊙ 65

Nummer 3

● Spedition Höhne, guten Tag!

○ Tag Frau Ruppert, Wetz hier. Frau Ruppert, ich kann heute leider nicht zur Arbeit kommen, ich bin schrecklich erkältet und habe außerdem seit gestern Abend auch noch Fieber. Ich gehe nachher gleich zum Arzt und lasse mich krankschreiben. In drei Tagen kann ich dann hoffentlich wieder arbeiten.

● Na, dann gute Besserung, Herr Wetz!

○ Danke!

⊙ 66

Nummer 4

● Die Gesundheitskasse, Huber mein Name, wie kann ich Ihnen helfen?

○ Hallo, mein Name ist Fuchtler. Ich bekomme bald ein Kind und möchte gern Informationen über die Familienversicherung.

● Ja, dann erstmal herzlichen Glückwunsch! Kommen Sie doch am besten einfach mal zu uns zur Beratung. Unsere Sprechzeiten sind: von Montag bis Freitag von 9 bis 16 Uhr und am Samstag von 10 bis 12 Uhr.

○ Gut, das mache ich. Vielen Dank.

● Danke auch. Auf Wiederhören!

⊙ 67

Nummer 5

● Praxis Dr. Janzen, was kann ich für Sie tun?

○ Hallo, Behrendt hier. Ich habe seit gestern so schreckliche Rückenschmerzen. Können Sie mir ein Rezept schicken? Ich brauche aber ein richtig starkes Schmerzmittel, die anderen helfen mir sowieso nicht.

● Herr Behrendt, es tut mir leid, aber das können wir Ihnen nicht einfach so geben. Da müssen Sie schon mit Frau Doktor sprechen. Wir haben heute keine Termine mehr, aber kommen Sie her und warten Sie, dann kann Frau Doktor Sie untersuchen und Sie bekommen Ihr Rezept.

○ Okay, mach ich. Dann bis später.

Kapitel 12

⊙ 68

Aufgabe 1
Beispiel

● Hallo Miriam! Wie ist denn das Wetter in Hamburg?

○ Das Wetter? Frag lieber nicht! Letzte Woche hatten wir noch Sonne, aber seit drei Tagen regnet es dauernd!

● Regen? Hm, gibt es denn auch viel Wind?

○ Nein, Wind zurzeit gar nicht.

⊙ 69

Nummer 1

● Bahn Online-Service, was kann ich für Sie tun?

○ Äh, der ICE nach Hamburg morgen fällt doch aus, oder?

● Ja, das ist leider richtig.

○ Was ist denn dann mit meiner Reservierung? Ich brauche unbedingt Plätze, ich fahre nämlich mit meiner kleinen Tochter!

● Dann rufen Sie bitte den Reiseservice an, die Nummer ist 0 180 5 99 66 33.

○ Können Sie das bitte noch mal wiederholen?

● Ja natürlich. Das ist die 0 180 5 99 66 33.

○ Danke!

⊙ 70

Nummer 2

● Hotel Strandmöwe, guten Tag!

○ Hallo, mein Name ist Olaf Weinberg. Ich habe eine Reservierung für morgen bei Ihnen und möchte Ihnen meine Ankunftszeit sagen: Ich komme um 17 Uhr an. Können Sie mich vielleicht abholen?

● Oh, das tut mir leid, aber wissen Sie, ich bin morgen allein hier, da kann ich nicht weg. Nehmen Sie doch bitte ein Taxi.

○ Nein, das ist mir zu teuer.

● Sie können auch zu Fuß gehen. Es sind nur drei Minuten vom Hafen.

○ Das geht auch nicht. Mein Gepäck ist zu schwer.

● Hm, es gibt noch eine Möglichkeit: Ein Bus fährt direkt ab Hafen, es ist nur eine Station, da müssen Sie aber etwas warten.

○ Das ist nicht so schlimm. Dann komme ich mit dem Bus. Bis morgen dann.

● Bis morgen, und gute Reise!

⊙ 71

Nummer 3

● Nina Begerov, hallo?

○ Hallo Nina! Hier ist Gustav. Wie geht's? Lange nichts gehört!

● Ja, grüß dich Gustav! Es ist immer so viel los bei mir!

○ Wann besuchst du mich denn endlich?

● Also, warte mal, nächstes Wochenende habe ich schon etwas vor, und dann bin ich drei Wochen im Urlaub!

○ Drei Wochen Urlaub! Du hast es gut! Aber dann vielleicht gleich danach?

● Hm, das ist ja dann schon Anfang September. Ja, dann komme ich da.

○ Super, dann bis Anfang September!

⊙ 72

Nummer 4

● Hallo, hier ist die Mobilbox von – Tanja Eggertsson –. Bitte sprechen Sie Ihre Nachricht nach dem Ton.

○ Hallo Tanja, Alex hier! Mensch, wo bleibst du denn, unser Zug fährt in vier Minuten! Und, ganz wichtig: Normal fährt er ja von Gleis 10, aber heute fährt er ausnahmsweise von Gleis 11 ab! Also beeil dich! Wir steigen in zwei Minuten ein! Und dann fahren wir ohne dich ab!

⊙ 73

Nummer 5

Grüß Gott, Herr Blesius, Karlstadt hier von Bayern-Tours. Sie kommen morgen ja nach München und ich hole Sie natürlich gern am Flughafen ab. Also, wir treffen uns am besten an der Information. Ich warte dort ab 17 Uhr auf Sie. Und dann fahren wir mit dem Taxi ins Zentrum. Ich wünsche Ihnen einen guten Flug und bis morgen um 17 Uhr an der Information!

Modelltest Start Deutsch 1

⊙74
Dieser Test hat drei Teile. Sie hören kurze Gespräche und Ansagen.
Zu jedem Text gibt es eine Aufgabe. Lesen Sie zuerst die Aufgabe, hören Sie dann den Text dazu.
Kreuzen Sie die richtige Lösung an. Schreiben Sie zum Schluss Ihre Lösungen auf den Antwortbogen.

⊙75
Hören – Teil 1
Kreuzen Sie an: [a], [b] oder [c]. Sie hören jeden Text zweimal.

Beispiel
Kursteilnehmer: Entschuldigung, ich suche das Lehrerzimmer, ich muss da etwas abgeben.
Lehrerin: Das Lehrerzimmer? Da sind Sie hier im Erdgeschoss ganz falsch. Das ist im zweiten Stock, nach der Treppe das 1. Zimmer rechts.
Kursteilnehmer: Zweiter Stock, das 1. Zimmer rechts – danke schön!
Lehrerin: Bitte, gerne!

⊙76
Nummer 1
Verkäuferin: Guten Tag, was darf's denn bei Ihnen sein?
Kunde: Hallo, ich hätte gern etwas Obst. Was können Sie mir denn heute empfehlen?
Verkäuferin: Ja, es ist natürlich alles wie immer sehr lecker und frisch. Aber besonders günstig sind heute die Bananen, das ist ein super Preis, nur 1,49 € das Kilo.
Kunde: Gut, dann nehme ich ein Kilo Bananen. Und dann noch ein Pfund Birnen und drei Äpfel.
Verkäuferin: Ja gerne.

⊙77
Nummer 2
Mann: Hallo Rosa, hast du morgen Abend Zeit?
Frau: Tag Antonio. Ja, ich glaube schon. Wieso?
Mann: Sollen wir ins Kino gehen?
Frau: Kino – ich weiß nicht. Ich finde das Konzert im Jazzclub auch interessant.
Mann: Okay. Unser Deutschkurs geht bis fünf, dann können wir irgendwo noch was essen, und dann gehen wir ins Konzert.
Frau: Gute Idee, so machen wir das!

⊙78
Nummer 3
Kellnerin: Schönen guten Abend, was kann ich Ihnen bringen?
Gast: Ich möchte nur ein bisschen was essen – vielleicht eine Suppe?
Kellnerin: Da kann ich Ihnen heute Tomatensuppe oder Kartoffelsuppe anbieten.
Gast: Hm. Oder vielleicht doch was anderes? Haben Sie auch Salate?
Kellnerin: Natürlich! Da haben wir zum Beispiel einen schönen gemischten Salat mit Käse – oder einen Tomatensalat, der ist auch sehr gut.
Gast: Dann probiere ich mal den Tomatensalat. Und ein Bier bitte.
Kellnerin: Gerne.

⊙79
Nummer 4
Kollegin: Hallo Herr Bollack! Was machen Sie denn so spät noch hier?
Kollege: Ja, wissen Sie, Frau Janzen, ich habe doch morgen dieses wichtige Gespräch bei der Chefin, und da muss ich noch was fertig machen.
Kollegin: Ah ja, verstehe.
Kollege: Und am Wochenende feiert mein Vater siebzigsten Geburtstag! Aber danach habe ich dann endlich Urlaub!
Kollegin: Na dann viel Glück bei der Chefin morgen!
Kollege: Danke!

⊙80
Nummer 5
● Ich möchte im Sommer Urlaub in der Türkei machen – haben sie da was Günstiges?
○ Wann wollen Sie denn reisen?
● Ja, das geht eigentlich den ganzen Sommer, was empfehlen Sie denn?
○ Anfang Juli ist gut, da ist es noch nicht so voll. Im August sind überall sehr viele Leute, das ist nicht so schön. Sie können auch ab Mitte September buchen, da ist es dann nicht mehr so heiß.
● Gut, dann im September.

⊙81
Nummer 6
Mann: Guten Tag, ich rufe wegen der Wohnung an, ist die noch frei?
Vermieterin: Ja, schon.
Mann: Äh, und wie hoch ist denn die Miete? In der Anzeige steht ja nur „fairer Preis"?
Vermieterin: Ich möchte 640 € für die Wohnung.
Mann: 640 €? So viel?
Vermieterin: Ja, aber die Wohnung ist wirklich sehr schön! Und das ist natürlich mit Nebenkosten. Und es gibt auch einen Parkplatz.
Mann: Gut. Kann ich später vorbeikommen und sie ansehen?

⊙82
Hören – Teil 2
Kreuzen Sie die richtige Lösung an. Sie hören jeden Text einmal.

Beispiel
Sehr geehrte Damen und Herren auf Gleis 4! Der ICE 577 nach Stuttgart fährt heute ausnahmsweise von Gleis 3. Ich wiederhole: Der Zug nach Stuttgart fährt heute von Gleis 3. Auf Gleis 4 fährt jetzt ein der verspätete ICE nach Amsterdam, Abfahrt 12:45 Uhr.

⊙83
Nummer 7
Herr Simon Kurz, bitte kommen Sie sofort zum Ausgang. Ihr Sohn Max wartet hier auf Sie. Herr Simon Kurz, bitte kommen Sie zum Ausgang.

⊙84
Nummer 8
Sehr geehrte Damen und Herren, der Flug LH 4320 nach Brüssel ist jetzt zum Einsteigen bereit. Beim Einsteigen muss unser Servicepersonal auch nochmals Ihren Reisepass kontrollieren. Vielen Dank für Ihr Verständnis.

⊙85
Nummer 9
Liebe Fahrgäste, wir kommen jetzt gleich zur Raststätte Allgäuer Tor. Wir machen hier nur eine kurze Pause. Sie können natürlich kurz aussteigen, aber alle sind bitte um 10:40 Uhr wieder im Bus, wir möchten pünktlich weiterfahren. Danke schön!

⊙86
Nummer 10
Liebe Kundinnen und Kunden, wir schließen in 10 Minuten! Bitte gehen Sie gleich zur Kasse! Morgen haben wir wie immer von 8 bis 22 Uhr für Sie geöffnet! Danke schön und guten Abend!

⊙87
Hören – Teil 3
Kreuzen Sie an: a, b oder c. Sie hören jeden Text zweimal.

Nummer 11
Schönen guten Tag, Kuhnert hier von Prima Tours. Sie waren gestern hier im Reisebüro, und ich habe jetzt ein tolles Frühlingsangebot für Sie: ein Wochenende in Werder zur Obstbaumblüte. Das kostet im Doppelzimmer für zwei Personen nur 99 €. Rufen Sie bitte schnell zurück!

⊙88
Nummer 12
Hallo, Caroline, Beate hier! Du, mein Zug von Berlin nach München ist nicht gefahren, ich bin jetzt in einem anderen Zug und komme erst 30 Minuten später an. Holst du mich dann um 17:20 Uhr ab?

⊙89
Nummer 13
Hallo, Frau Kern, Makarowna hier von der Praxis Dr. Schubert. Sie können Ihr Rezept bei uns abholen. Aber heute, Mittwochnachmittag, haben wir geschlossen und morgen, Donnerstag, ist ja der Feiertag. Kommen Sie also bitte am besten am Freitag.

⊙90
Nummer 14
Hallo, Jens, Jakob hier. Du, mein Handy ist kaputt, schick mir bitte keine SMS! Sollen wir denn heute im Fernsehen das Fußballspiel anschauen oder lieber Computerspiele machen? Bitte ruf mich an, die Nummer ist 878 04 63.

⊙91
Nummer 15
Hallo, Miriam, Stefan hier. Ich bin endlich gelandet – wo sollen wir uns treffen? Ich glaube, der Ausgang hier ist zu voll, und an der Information sind auch immer so viele Leute – ich komme am besten direkt zum Bus! Also bis gleich an der Bushaltestelle!

Kapitel 1

1. 1. falsch, 2. richtig, 3. falsch, 4. falsch,
   5. richtig
2. 1. a, 2. a, 3. a, 4. b, 5. b
3. 1. du, 2. Ich, 3. Name, 4. Sie, 5. Frau
4. 1. Englisch, 2. Deutsch, 3. Türkisch,
   4. Chinesisch, 5. Französisch
5. 1. komme, 2. kommst, 3. heißen, 4. ist,
   5. spreche
6. 1. Woher, 2. Wie, 3. Wer, 4. Wo, 5. Wer
7. 1 Ich heiße Wiktor. / Wiktor heiße ich. 2. Woher kommt er? 3. Ich wohne in Athen. / In
   Athen wohne ich. 4. Yong-Min spricht Chinesisch und Koreanisch. 5. Wie heißen Sie?
8. 1. kommt 2. liegt 3. spricht 4. lernt 5. wohnt

Kapitel 2

1. 1. a, 2. c, 3. b, 4. b, 5. b
2. 1. falsch, 2. falsch, 3. richtig, 4. falsch,
   5. richtig
3. 1. f, 2. a, 3. c, 4. b, 5. d
4. 1. Wohnst du in Berlin? 2. Kommst du aus der
   Ukraine? 3. Heißt du Anna? 4. Trinkt ihr Tee?
   5. Nehmen Sie Milch und Zucker?
5. 1. sind, 2. kommen, 3. kommt, 4. sind,
   5. machst
6. 1. du, 2. ihr, 3. wir, 4. ich, 5. Er
7. 1. b, 2. a, 3. a, 4. a, 5. b
8. 评分标准: 每个关键点1分, 共计5分。

Kapitel 3

1. 1. falsch, 2. richtig, 3. richtig, 4. richtig,
   5. falsch
2. 1. a, 2. b, 3. a, 4. b, 5. b
3. 1. das Fahrrad, 2. der Fernseher, 3. die Schere,
   4. die Brille, 5. der Bleistift
4. 1. das Haus, 2. die Schere, 3. der Kinderwagen,
   4. das Fahrrad, 5. der Bleistift
5. 1. sie, 2. Er, 3. es, 4. Er, 5. Es
6. 1. b, 2. a, 3. c, 4. b, 5. a
7. 1. kein, 2. mein, 3. Meine, 4. ein, 5. keine
8. 评分标准: 对话中买家的话3分, 卖家的话2分, 共计
   5分。

Kapitel 4

1. 1. falsch, 2. falsch, 3. richtig, 4. richtig,
   5. falsch
2. 1. a, 2. a, 3. c, 4. b, 5. c
3. 1. Ich dusche immer morgens. / Morgens
   dusche ich immer. / Ich dusche morgens immer. 2. Mein Deutschkurs fängt um neun
   Uhr an. / Um neun Uhr fängt mein Deutschkurs an. 3. Ich mache nach dem Kurs Mittagspause. / Nach dem Kurs mache ich Mittagspause. 4. Ich kaufe am Nachmittag ein. / Am
   Nachmittag kaufe ich ein. 5. Am Abend sehe
   ich fern. / Ich sehe am Abend fern.
4.

1.   2.   3.

4.   5.

5. 1. Brötchen, 2. Zeitung, 3. Büro,
   4. Supermarkt, 5. Kino
6. 1. b, 2. a, 3. b, 4. b, 5. a
7. A 11, B 2, C 6, D 4, E 12

Kapitel 5

1. 1b, 2a, 3c, 4b, 5a
2. 1b, 2a, 3b, 4a, 5a
3. Bewertung: 0,5 Punkte pro Wort.

Obst	Getränke	Fleisch & Wurst
Birne	Apfelsaft	Schnitzel
Banane	Milch	Schinken
Orange	Bier	Salami
Apfel	Mineralwasser	

4. 1. Frauen, 2. Äpfel, 3. Computer, 4. Gläser,
   5. Brote
5. 1. d, 2. c, 3. a, 4. f, 5. b
6. 1. Das, 2. einen, 3. eine, 4. keine, 5. Die
7. 1. Magst, 2. mag, 3. mögen, 4. mögt, 5. mag
8. 评分标准: 每个提问1.5分, 每个回答1分, 共计5分。

Kapitel 6

1. 1. richtig, 2. falsch, 3. richtig, 4. richtig,
   5. falsch
2. 1. Bruder, 2. Tante, 3. Cousine, 4. Sohn,
   5. Nichte
3. 1. am dritten Fünften, 2. am einunddreißigs-ten
   Dritten, 3. am vierzehnten Vierten, 4. am
   dreiundzwanzigsten Achten, 5. am vierund-
   zwanzigsten Zwölften
4. 1. macht, 2. mag, 3 findet, 4. geht, 5. besucht
5. 1. richtig, 2. richtig, 3. falsch, 4. richtig,
   5. falsch
6. 1. Ihre, 2. Seine, 3. unsere, 4. mein, 5. deine
7. 1. war, 2. hatten, 3. waren, 4. hatte, 5. war
8. 评分标准: 每个提问1.5分, 每个回答1分, 共计5分。

Kapitel 7

1. 1. a, 2. c, 3. a, 4. b, 5. b
2. 1. e, 2. d, 3. b, 4. f, 5. a
3. 1. zur, 2. am, 3. mit, 4. nach, 5. in
4. 1. dem, 2. der, 3. im / in dem, 4. meinen,
   5. zum

5. 1. Fragen Sie den Busfahrer. 2. Geh rechts bis zur Post. 3. Mach einen Sprachkurs. 4. Nimm ein Taxi. 5. Steigen Sie am Hauptbahnhof aus.

6. 1. a, 2. a, 3. b, 4. b, 5. a

7. 1. obrandukow@web.de, 2. 19. – 25. Mai, 3. 1 / eine / eine Person, 4. mit dem Zug, 5. in der Jugendherberge

8. 评分标准: 每个请求1.5分, 每个应对1分, 共计5分。

Kapitel 8

1. 1. b, 2. b, 3. c, 4. a, 5. a

2. 1. Keller, 2. Park, 3. Haus, 4. Freundin, 5. Herd

3. (评分标准: 动词正确0.5分, 形式正确0.5分。) 1. kann, 2. wollen, 3. können, 4. Willst, 5. kann

4. 1. benutzen, 2. bezahlen, 3. packen, 4. verdienen, 5. feiern

5. 1. aufgehängt, 2. gefunden, 3. angerufen, 4. unterschrieben, 5. eingeladen

6. 1 B, 2 D, 3 A, 4 F, 5 E

7. 1. Polen, 2. geschieden, 3. 2/zwei, 4. Ingenieur, 5. 2 500 €

8. 评分标准: 每个提问1.5分, 每个回答1分, 共计5分。

Kapitel 9

1. 1. a, 2. c, 3. c, 4. a, 5. b

2. 1. e, 2. d, 3. b, 4. f, 5. a

3. 1. Meine Tochter ist vom Fahrrad gefallen. 2. Ich bin gestern zu Hause geblieben. 3. Warum bist du nicht zu dem Fest gekommen? 4. Er ist am Montag zu spät aufgewacht. / Am Montag ist er zu spät aufgewacht. 5. Wir sind nach Dresden gefahren.

4. 1. morgen, 2. überlegen, 3. Fahrrad, 4. Bahnhof, 5. backen

5. (评分标准: 动词正确0.5分, 形式正确0.5分。) 1. bin, 2. habe, 3. bin, 4. ist, 5. bin

6. 1. falsch, 2. richtig, 3. falsch, 4. richtig, 5. richtig

7. 评分标准: 每个可理解的句子得1分。

8. 评分标准: 每个关键点1分。

Kapitel 10

1. 1. richtig, 2. richtig, 3. falsch, 4. richtig, 5. falsch

2. 1. e, 2. a, 3. b, 4. d, 5. c

3. 1. Müsst, 2. muss, 3. muss, 4. musst, 5. müssen

4. 1. anstrengend, 2. freundlich, 3. sicher, 4. selbstständig, 5. angenehm

5. 1. Carlos meldet seinen Urlaub an. 2. Magda hat eine neue Stelle gefunden. 3. Sie will mehr Geld verdienen. 4. Um sieben Uhr fängt unsere Arbeit an. / Unsere Arbeit fängt um sieben Uhr an. 5. Ich muss nächste Woche nach Hamburg fahren. / Nächste Woche muss ich nach Hamburg fahren.

6. 1. falsch, 2. richtig, 3. richtig, 4. falsch, 5. falsch

7. 1. Nürnberger Straße 15, 2. 2003 – 2008, 3. Karlsruhe, 4. Informatikerin, 5. nein

8. 评分标准: 每个提问1.5分, 每个回答1分, 共计5分。

Kapitel 11

1. 1. falsch, 2. richtig, 3. falsch, 4. richtig, 5. richtig

2. 1. Bauchschmerzen, 2. Rückenschmerzen, 3. Fieber 4. Husten, 5. Kopfschmerzen

3. (评分标准: 动词正确0.5分, 句子中情态动词和动词的位置正确0.5分。) 1. Ich soll oft jog-gen. 2. Wir dürfen nicht so viel Kuchen essen. 3. Du sollst mehr schlafen. 4. Er darf keinen Sport machen. 5. Ihr sollt viel Tee trinken.

4. 1. Ärztin, 2. Patient, 3. Patient, 4. Ärztin, 5. Ärztin

5. 1. Doch. 2. Ja. 3. Ja. 4. Doch. 5. Ja.

6. 1. falsch, 2. richtig , 3. richtig, 4. falsch, 5. richtig

7. 评分标准: 每个内容点2分, 交际语言1分。

8. 评分标准: 每个提问1.5分, 每个回答1分, 共计5分。

Kapitel 12

1. 1. c, 2. b, 3. c, 4. a, 5. b

2. 1. e, 2. f, 3. c, 4. b, 5. a

3. 1. an, 2, Neben, 3. in, 4. Auf, 5. hinter

4. 1. Handy, 2. Museum, 3. Sommer, 4. Fahr-karte, 5. Arbeit

5. 1. es, 2. mich, 3. uns, 4. ihn, 5. dich

6. 1. richtig, 2. richtig, 3. falsch, 4. falsch, 5. richtig

7. 评分标准: 每个内容点1.5分, 交际语言0.5分。

8. 评分标准: 每个请求1.5分, 每个应对1分, 共计5分。

Modelltest Start Deutsch 1

Hören 1: 1 b, 2 a, 3 c, 4 a, 5 c, 6b
Hören 2: 7 richtig, 8 richtig, 9 falsch, 10 falsch
Hören 3: 11 c, 12 b, 13 a, 14 b, 15 a

Lesen 1: 1 richtig, 2 falsch, 3 richtig, 4 falsch, 5 falsch
Lesen 2: 6 b, 7 b, 8 a, 9 a, 10 b
Lesen 3: 11 falsch, 12 falsch, 13 richtig, 14 richtig, 15 richtig

Schreiben 1: 1. Fußball, 2. 7 (Jahre), 3. Mittwoch, 4. sofort, 5. Überweisung

Bewertung und Benotung 评分与评级

请根据歌德欧标德语A1的评分标准来给"写作"和"口语"测试部分打分。具体标准如下：

写作评分

第一部分
每个正确填写的部分得一分——填写部分不严格要求拼写正确性，但是要可理解。

第二部分

任务的完成 （每个内容点）	3分	充分完成任务且可理解
	1.5 分	由于语言和内容的不足仅部分完成任务
	0 分	任务未完成且 / 或难以理解
文章的交际形式	1分	符合语篇类型要求
	0.5 分	用语不常用或者遗漏，例如缺少称呼
	0 分	没有适合语篇类型的用语

口语评分

任务的完成和语言 的展现	满分	充分完成任务且可理解
	一半得分	由于语言和内容的不足仅部分完成任务
	0 分	任务未完成且 / 或难以理解

第1部分：简介、拼读和数字各1分，一共最多3分。
第2部分：每个提问2分，每个回答1分，一共最多6分。
第3部分：每个请求2分，每个应对1分，一共最多6分。

评级

考试总共60分，该得分乘以系数1.66，那么最多可获得100分。及格分数线为60分。

分数	级别
90—100分	优秀（1）
80—89分	良好（2）
70—79分	中等（3）
60—69分	及格（4）

您可以在telc（www.telc.net）和歌德学院（www.goethe.de）的网站上找到关于考试的详细信息。

Antwortbogen – Modelltest Start Deutsch 1　模拟卷答题纸

Hören

Teil 1

1　a b c　1
2　a b c　2
3　a b c　3
4　a b c　4
5　a b c　5
6　a b c　6

Teil 2

7　+ −　7
8　+ −　8
9　+ −　9
10　+ −　10

Teil 3

11　a b c　11
12　a b c　12
13　a b c　13
14　a b c　14
15　a b c　15

Lesen

Teil 1

1　+ −　1
2　+ −　2
3　+ −　3
4　+ −　4
5　+ −　5

Teil 2

6　a b　6
7　a b　7
8　a b　8
9　a b　9
10　a b　10

Teil 3

11　+ −　11
12　+ −　12
13　+ −　13
14　+ −　14
15　+ −　15

Schreiben

Teil 1

1　_____　1　+ −
2　_____　2　+ −
3　_____　3　+ −
4　_____　4　+ −
5　_____　5　+ −

Schreiben

Teil 2

Für die Bewertung